4차 산업혁명의 도전,
인문학의 응전

이 저서는 2016년 대한민국 교육부와 한국연구재단의 지원을 받아 수행된 연구임 (NRF-2016S1A6A7932134)

4차 산업혁명의 도전,
인문학의 응전

반성택 · 김종규 지음

인간의 역사를 돌아보면 서양의 18세기 말은 여러 분야에서의 혁명적 변화를 압축하여 보여주고 있었다. 자유와 평등, 박애를 내세워 분출하여 이후 인간 역사에서 민주화 추세를 이끌고 있는 프랑스대혁명이 나타났고, 또한 산업 부문에서의 근본적 변화를 이루어 이 결과 자본가와 지식인의 신분제에서의 탈출 및 19세기부터의 제국주의 확산을 뒷받침하는 산업혁명이 분출한 것이다. 서양의 18세기 말을 혁명의 시대라 보게 하는 또 다른 혁신은 이른바 앎의 세계에서도 이루어져 이를 우리는 과학의 등장, 또는 과학혁명이라 부른다. 이 과학혁명은 한 세기도 지나지 않은 19세기 말에는 진화론으로 이어져 일단 정점에 이른다. 이렇듯 프랑스대혁명, 산업혁명, 과학의 등장 등은 동시대에 그리고 같은 지역에서 나타나 이후의 인간 역사를 함께 이끌며 각인하여 왔다.

그런데 이러한 인간 역사에는 선행하는 스토리가 있다. 누구나 알듯이 서양 중세를 종교의 시대라 흔히 칭한다. 하지만 이에는 보다 정확한 이해가 필요하다. 중세를 종교의 시대라 칭하는 이유는 종교가 종교 세계만이 아니라 오늘날로 보면 종교와는 대개 관계없다고 보는 정치사회, 산업과 경제, 인식 등의 영역도 지배하였기에 붙여지는 이름이다. 즉 종교의 전방위적 지배가 중세적 질서의 핵심인 것이다.

　이러한 중세에 대한 최초의 근본적 변화는 그 중추에 서있던 종교 자체에서 싹튼다. 바로 서양의 근대 초인 16세기부터 종교를 둘러싼 온갖 논란이 벌어지고 이는 종교전쟁과 종교개혁이라 훗날 역사에 기록된다. 당시의 면죄부 논란에서 불붙은 논쟁은 유럽을 구교와 신교 간의 백 년 넘는 전쟁으로 몰아넣는다. 이 전쟁의 승패를 가릴 수 없었던 당시 유럽세계는 현 상태에서의 휴전을 선포하기에 이른 다. 기진맥진한 상태가 몰고 온 일시적 타협책이었던 것이다. 이에 구교와 신교 지역은 분리되지만 어느 지역이 구교인지 신교인지를 결정하는 권한은 오로지 왕과 귀족에게만 주어졌다. 이렇듯 미완성 이었지만 종교혁명은 그로부터 또 다시 한 세기 정도 흐른 뒤에 종교 이외의 여러 분야에서의 혁명으로 이어진다. 종교가 모든 것을 지배하는 중세적 질서가 종교조차 구교와 신교로 분열하여 변화하 는 현실은 그 모든 것 안에 포함되는 정치사회, 산업과 경제, 인식 등의 근원적 변화로 달려갈 수밖에 없었던 것이다.

　인간 역사의 이러한 전개에서 나타난 조류 가운데 하나가 바로 산 업혁명이고, 이 혁명은 이후 거듭하여 진화한다. 18세기 말 공장제 산업 혁신이 고전적 산업혁명이라면, 그 공장에 전력이 투입되는 19 세기 말 이후에 나타나는 새로운 형태의 산업 추세를 우리는 보통 2차 산업혁명 시기로 정리한다. 이 시기부터 이른바 인간 역사에서 대중사회, 시민사회 조류가 나타난다. 이어서 20세기 말부터 산업혁 명은 인터넷 시대의 도래와 함께 또다시 진화한다. 이 시기를 컴퓨 터 등장 및 인터넷 확산에 더욱 주목하는 3차 산업혁명 시기 및 각 종 디지털 정보의 융합 및 이의 산업화 가능성에 초점을 두는 4차 산업혁명으로 많은 이들이 분류하기는 하지만 말이다.

이러한 역사적 연결고리를 보이는 4차 산업혁명 담론은 지난 2016년을 지나며 전 세계에 걸쳐서 나타났으며 그리고 우리나라에서는 보다 폭발적으로 분출하여 왔다. 이 담론이 미치지 않는 영역은 사실상 없었다. 산업 혁신에 대한 요구, 이어서 혁신된다는 산업계 동향에 발을 맞추지 못한다고 비판받는 교육계의 혁신까지 말이다. 심지어는 이 나라의 대통령 선거에까지 4차 산업혁명 담론은 주요 의제로 부상하여 청와대와 국회에는 관련 위원회까지 설치되어 있다.

이 책은 이러한 환경이 지난 몇 년간 조성되는 가운데 발간이 추진되어 왔다. 이 책은 산업혁명 및 과학기술의 오늘날의 변화 및 진화에 대한 일종의 인문학적 저항에 그 목적이 있지는 않다. 하지만 이 책은 수년전부터 4차 산업혁명 담론이 언론계를 중심으로 무차별적으로 확산되어온 현실을 대하며 산업혁명의 의미를 노동, 시장, 인간 등을 중심으로 살펴 4차 산업혁명 담론의 가능성과 한계를 짚어보고자 만들어졌다. 이는 이 책의 제1부에서 주로 다루어진다. 이에 덧붙여 이 책은 산업혁명을 인간의 긴 역사 흐름 속에서 조망하여 과학기술이 주도하는 인간상에서 벗어나 과학기술이란 오히려 인간의 긴 역사에 걸친 변동 및 발전 과정에 영향을 미치고 있는 하나의 주요 요인에 해당한다는 점을 시민사회에 발언하고자 기획되었다. 이러한 내용은 제2부에서 다루어진다.

이렇게 산업혁명의 의미 및 이에 대한 인문학 기반의 역사적 이해라고 요약될 수 있는 이 책의 많은 부분은 필자들의 수년간에 걸친 기존 연구 결과에 일부 기반하여 있다. 특히 제2부의 내용들이 그러하여서 이에 대한 최초 발표 자료를 책의 말미에 포함하였다. 이렇게 필자들의 기존 발표 자료들 – 논문뿐만이 아니라 잡지나 일간지 등의 자료 등 – 을 기반으로 이 책을 출간하면서, 이러한 글쓰기 작업이 이 나라의 시민사회가 산업혁명을 인문학과 함께 보는데 도움이 될 수 있으면 하는 소망을 이 기회에 기록하고자 한다.

　장기간 이 책을 준비하면서 이를 마감하는 서문을 작성하는 2020년 2월 말 우연히도 이 책이 던지고 싶은 구체적 사례와 마주하게 되었다. 공공성의 개입으로 '코로나19'가 그래도 잠잠하다고 여기기 시작하는 그 시점에 사태는 급격히 반전되며 중세 말이나 근대 초에 유행하던 단어들이 들리기 시작한 것이다. 심판, 영생, 마녀, 저주 등이 그것이다. 4차 산업혁명이 열 수 있다는 그 새로운 세계에서, 2020년 2월 말의 우리는 종교와 과학기술, 나아가 공공성의 관계를 고민하라고 호출된 것이다.

목차

제1부
산업혁명과 인간의 삶

산업혁명과 노동

1 산업혁명은 왜 혁명인가?

산업혁명이 시작된 것은 18세기 말이었다. 이 명칭이 과연 '혁명 (革命)'이라는 말의 본래 의미와 부합하는지는 여전히 의문이다. 통상 혁명은 국가 권력의 전면적 교체 혹은 종래의 관습이나 제도 등을 대신하여 전혀 새로운 전통과 제도를 세우는 것을 말하지만, 이 혁명의 시작은 그리 역동적인 것은 아니었기 때문이다. 그런데 이 사건이 시작된 시기의 사람들은 실제 어떠한 변화가 진행되고 있는지에 대해 잘 모르고 있었다고 알려져 있다. 당대의 저명한, 그리고 지금도 여전히 회자되고 있는, 경제학자였던 아담 스미스조차도 사실 어떠한 변화가 일어나고 있는지는 명확히 파악하고 있지 못하였다. 그럼에도 불구하고 이 혁명은 그 개념의 본래 의미와 부합하는 것이었다. 혁명을 뜻하는 revolution은 양피지의 두루마리 혹은 마차 바퀴가 계속(re-) 굴러가는(volvo) 모습에서 유래된 말로, 사실 어원상 볼 때, 어떤 역동적인 변화를 의미하는 것은 아니었다. 이러한 까닭에 산업혁명이 시작되고 한참이 지난 후에야, 이 변화에 대한 명칭, 즉 산업혁명이라는 명칭이 공인될 수 있었다.[1)]

이 최초의, 차후 다시 1차 산업혁명으로 명명되는, 산업혁명의 해

(年)로 지목된 것은 그 당시로는 획기적인 기계가 발명된 것과 같은 해였다. 사실 어떤 변화의 시점을 정확히 정한다는 것은 불가능한 것이지만, 1784년 즈음은 인간의 역사에서 매우 특이하고 상징적인 시기였다.[2] 이 획기적인 기계는 이 시기 즈음하여 산업생산 과정에 본격적으로 투입되기 시작하였다. 그리고 이 투입으로 인간은 생산 과정 내에서 기계와 아주 새롭게 만나게 되었다. 물론 그 이전에도 모든 생산 과정에 사용되는 기계들이 없는 것은 아니었다. 간단한 장비부터 복잡한 장치에 이르기까지 여러 도구들이 생산 과정에서 사용되었다. 하지만 이 기계는 이러한 수준의 도구가 아니었다. 그 투입 이전의 도구들은 인간이 통제하고 사용하는 것이었다면, 이 기계는 그 반대였던 것이다. 오히려 인간은 기계가 중심인 생산의 과정과 방식에 따라야만 하는, 그래서 기계를 통제하는 것이 아닌 기계에 의해 통제되는 그러한 존재가 된 것이었다. 이러한 점에서 우리가 지금 언급하고 있는 시기는 도구 사용의 수준을 넘어 기계화가 본격적으로 시작되는 전환 시대의 서막인 것이었다. 이렇듯 1차 산업혁명은 새로운 방식으로 기계와 인간이 조우하게 되는 역사적 사건을 의미하는 것이다. 그런데 우리는 이러한 역사적인 의미에서만 이 변화를 '혁명'이라 부르는 것일까?

---

1) 이에 대해서는 제2장(46쪽)을 참조할 것.
2) 1차 산업혁명이 몇 년에 시작되었는가는 사실 중요한 것은 아니다. 중요한 것은 18세기 말의 기술적 변화가 산업제조 방식의 급격한 변화를 가져왔으며, 이 시기를 혁명의 시대로 규정할 수 있다는 점뿐이다. 이러한 견해는 World Economic Forum의 2016년 자료인 "The Fourth Industrial Revolution: What It means, How to Respond"을 참고하기 바란다.
https://www.weforum.org/agenda/2016/01/the-fourth-industrial-revolutioin-what-it-means-and-how-to-respond/

기계의 도입으로 기존의 제조 방식에 매우 큰 변화가 일어난 것은 분명하다. 그렇지만 이렇게만 이해하게 되면, 이 변화는 어쩌면 생산 제조 영역만의 배타적으로 발생했던 사건이어야 했을 것이다. 물론 이것도 혁명적일 수는 있지만, 산업계의 혁명적 변동일 뿐이다. 하지만 우리는 결코 '산업혁명'을 산업계만의 일로 이해하지도 기술하지도 않는다. 산업혁명은 그러한 차원을 넘어선 사건이며, 오히려 다각적으로 그리고 심층적으로 접근되어야만 한다. 그래서 우리는 이러한 변화가 왜 혁명으로 이해되는 것인가를 좀 더 명확히 이해하기 위하여 다음의 조건에 유의해야 한다. 그것은 우리의 조건과 상황을 과거에 그대로 투영해서는 안 된다는 점이다. 이러한 방식의 접근과 이해는 과거와 현재뿐 아니라 이 둘의 관련성 모두를 왜곡의 길로 인도할 뿐이다.[3]

현재의 우리는 다양한 변화를 이해하는 여러 전제 조건을 가지고 있다. 예를 들어, 자본주의와 같은 개념과 제도는 대표적인 예이다. 그런데 이러한 개념과 제도는 현재의 우리에게 매우 익숙한 것일지라도, 산업혁명이 시작되었던 시기에는 전혀 그렇지 못한 것이었다.

---

3) 레비-스트로스는 브라질 내육의 여러 원주민족의 문화 연구를 통해 현대인, 특히 서구인들이 갖고 있는 문명과 야만의 기준을 비판하였다. 특히 이 책에서는 다름을 차별의 근거로 사용하는 시각의 문제점이 핵심적으로 비판된다. 물적 조건을 제외한다면 그들 역시 우리와 마찬가지의 삶의 의미를 발견하고 누리고 있으며, 따라서 우리의 기준을 타인의 기준에 그대로 적용시키는 것이 오히려 매우 야만적인 것임을 강조하고 있다. 그에 따르면 더 우월한 사회는 없다. 우월하고 열등한 것으로 판단할 공통의 기준을 설정할 수는 없기 때문이다. 다만 우리는 문화가 인류에게 기여한 공통적 기능과 의미를 인정할 필요는 있다. 문화는 인류가 자신을 이해하고 인식하는 과정과 결과였으며, 이러한 자기인식의 총체적 과정을 의미한다는 점에서 우리는 세계를 그저 상대성의 관점에서만 이해하지 않을 수도 있다.

그래서 우리가 현재 우리에게 익숙한 상태를 그대로 과거에 투영하게 될 때, 과거의 변화 실제 이루어지고 있는 상황과 그 의미를 자의적으로 해석하게 된다. 더욱이 이 과거와 현재의 사건이 연관을 맺고 있다면, 이 자의적 해석 속에서 현재뿐만 아니라 그 관계 역시도 자의적으로 이해될 뿐이다. 따라서 이 사건의 혁명성을 이해하고자 한다면, 우리는 결코 현재 우리에게만 익숙할 뿐인 사회 및 경제 시스템과 제도를 일반적이고 보편적인 전제로 간주해서는 안 되는 것이다. 명민한 아담 스미스의 경우를 떠올려보시라.

이 당시 사람들은 이 변화가 산업계의 장벽을 넘어서 전개되고 있는 또 다른 거대한 변화와 관련되어 있다는 것을 이해하지 못하였다. 물론 산업계 자체의 변화만도 대응하기 벅찬 시기였기도 하였지만, 이에 대한 총체적 이해가 이루어질 수 없었던 것은 전체적 변화를 단지 산업계 변화의 연장선상에서만 이해했기 때문이었다. 예를 들어 가정의 생활을 파괴하는 실업은 공장에 기계가 도입된 결과일 따름이었다. 이렇게 이해되면 문제의 해결 방식은 응당 그 원인인 기계에 향해지게 마련이다. "기계만 없다면……." 물론 이러한 대응이 결코 의미 없는 것은 아니다. 하지만 이 같은 이해에 따른 대답이 너무도 분명한 것이기 때문에, 사람들은 더 이상 왜 실업이 자신들의 삶을 파괴하는 것인지 그리고 그들은 왜 업(業)을 상실한 것인지, 더 나아가 이 기계가 왜 도입되는 것인지를 물을 필요를 상실하게 된다. 그러나 이러한 산업계 내의 변화가 독립된 사건이 아니라면, 다시 말해 산업계라는 틀 밖의 것들, 즉 전 사회적 관계의 변화들과 연동되어 전개되고 있는 것이라면, 앞의 추론은 거짓 원인의 분석에 기초해 있을 따름이다. 문제는 이러한 거짓 원인의 분석이 단지 러다이트의 경우에만 국한된 오류가 아니라는 점이다. 변화의 원인을 산업계의 변화로 이해하는 것은 지금도 여전한 이해의 방식이자 방향이기도 하다. 산업계의 변화는 매우 중요한 것이지만, 그것은 숲을 이루는 하나의 큰 나무일 뿐이다. 그 나무는 숲을 이해하기 위한 중요한 접근 통로가 될 수는 있지만, 그것만으로 숲은 충분히 이해되지 못한다. 이것이 바로 혁명이라 명명한 이유를 살펴보려는 까닭이다. 이 점에서 우리는 산업혁명을 그저 기술적 개선의 측면에서만 이해하고 조망해서는 안 되며, 반드시 사회 전체의 관계 변화와 관련해서, 특히 그 사회를 구성하는 인간의 삶과 활동과 연관해서 이해해야만 한다.

이 이해는 산업혁명이 단발 사건이 아니라는 점에서 더욱 중요하다. 그러하기에 산업혁명에 대한 이해는 그 흐름을 나누고 그 각각의 특징을 분류하고 기술하는 데서만 충족되는 것이 아니라, 그 진정한 연관을 이해할 때 이루어질 수 있다. 이러한 이해의 토대 위에서만, 우리는 산업과 인간 삶의 변화에 대한 근본적인 통찰을 성취할 수 있을 것이며, 이로부터 지금의 변화에 대응할 수 있는 근본적인 대안을 모색해 볼 수 있을 것이다. 특히 새로운 산업혁명의 변화가 논의되고 있는 지금의 시점에서 이 변화에 선도적으로 조응해야 하는 우리에게 산업혁명에 대한 총체적 이해는 시대적 요청이기도 하다.

2 노동자로서의 삶

산업혁명의 시작과 증기기관의 도입이 맺고 있는 관계는 매우 일반적으로 알려진 바이다. 시기상의 유사성뿐 아니라 실제 영향력에 있어서도 증기기관의 도입은 산업혁명의 시작과 밀접하게 연관되어 있다. 이러한 점에서 증기기관은 혁명적 기계임에 분명하다. 그렇지만 혁명적 기계의 도입만으로 이 변화를 설명하는 것은 그것이 이루어진 과정과 변화 자체에 대한 오해를 불러일으킬 수도 있다. 증기기관에 못지않은 또 다른 혁명적 기계가 없던 것도 아니며, 제조업에 그와 같은 기계가 도입되지 않은 것도 아니기 때문이다. 과연 증기기관이 도입되지 않았다면, 산업혁명은 도래할 수 없었던 것일까?

현상적으로 증기기관과 산업혁명의 연관성은 분명하지만, 그렇다고 해서 증기기관이 산업혁명 충분조건이라 단언하기는 사실상 어려운 일이다. 증기기관이라는 혁명적 기계가 분명 대단한 발명품이기는 했지만, 그 이전의 혁명적 도구의 제작이 없었다면, 이 발명품의 제작은 아마 꿈도 꾸지 못했었을 수도 있다. 더욱이 증기기관 이전에 개발되었던 기계들과 증기기관의 혁명성을 직접적으로 비교할 수 있는 기준 마련도 어려운 일이다. 그것들 모두 서로 다른 시대적 조건에 놓여 있는 것이기 때문이다. 우리의 역사를 살펴보더라도, 특별한 도구나 기계의 발명과 도입은 분명 그 당시 인간의 삶에 영향을 미치기는 하였지만, 그렇다고 해서 그것이 반드시 혁명으로 전화된 것은 아니었다.[4] 당시 증기기관의 영향력은 실로 대단한 것이었

---

4) 특별한 기술의 등장이 곧 사회 혁신으로 이어지지 않은 경우를 우리는 쉽게 만나볼 수 있다. 예를 들어, 킴 비센티에 따르면, 1998년 개발된 도시바의 인피니아 7220(Infinial 7220) 컴퓨터는 애플의 아이폰의 개념이 등장하기 오래 전에 다양한 기능들, 예를 들어 컴퓨터와 텔레비전, 전화, 호출기, 팩스, DVD 등등의 여러 장비들을 한 데 모은 컴퓨터 모델을 출시하였다. 물론 이 기기를 만들기 위해 수많은 인력과 아이디어들이 동원되었으며, 당대 가장 뛰어난 기술들을 집약시켜 놓은 것이었다. 하지만 이 기술체는 그것을 사용하는 자의 입장을 전혀 고려하지 않았다. 어느 한 기능도 제대로 작동시키지 못하는 사람들이 대부분인 시대에 이러한 기계는 그저 뛰어나며 요상한 기계일 따름이었기 때

기는 하지만, 그것이 산업혁명과 맺게 되었던 연관성을 단지 그 기계의 성능과 영향력에 기초하여 설명하는 것은 어쩌면 본말의 전도일 수 있다. 만일 증기기관 그 이상의 무엇이 증기기관과 산업혁명을 연관시킨 것이라면 말이다. 물론 증기기관으로부터 모든 변화를 설명하는 것이 불가능한 것은 아니지만, 그것이 그 시대에 그러한 혁명적 역할을 할 수 있었던 모든 조건을 그 기계 자체에 귀속시키는 것은 설득력을 얻기 힘든 설명이다. 설명을 위해서도 이 상황에 또 다른 실마리를 따라 접근해보는 것이 보다 효과적인 방법일 수 있다. 그 실마리로 사용할 수 있는 것은 아마도 인간의 노동이 아닐까 한다. 증기기관의 도입 과정에서 그 기계와 가장 직접적으로 관계를 맺은 것은 바로 노동이기 때문이다.

근대 산업사회 이전에도 인간의 노동은 도구와 밀접하였다. 예를 들어 시계와 같은 세밀한 기계 장치의 제작이 도구의 사용 없이 이루어질 수는 없는 것이었다. 장인의 노동에서 도구는 필수불가결한 것이기도 하였지만, 그럼에도 불구하고 그 도구는 장인의 통제 하에 놓여 있었다. 도구는 중요하지만, 결코 장인의 일을 대신할 수 없는 것이었다. 장인은 도구와의 합일된 활동 속에서 자신의 작품을 생산해내었으며, 이 활동을 위한 장인의 사유 속에서 도구는 불러들어지는 것이었다. 이미 언급했던 바와 같이, 산업혁명 이후 인간과 도구의 관계는 이것과는 전혀 다른 방식으로 전개되기 시작하였다.

문이다.(이와 관련하여서는, 킴 비센티, 『호모파베르의 불행한 진화』, 윤정숙 옮김, 알마, 2007, 51~53쪽 참조) 이 기계는 외면 받고 말았다. 세그웨이의 경우 역시 유사한 사례이다. 물론 여전히 가끔 보이기는 하지만, 이동의 혁명을 일으킬 것이라는 찬사를 빌 게이츠에게서 받았던 이 기술은 웰빙이라는 현대인의 새로운 가치를 반영하지 못하면서 결국 사회적 수용에 실패하였다.

이 변화는 실로 대단한 것이었으며, 전체의 변화와는 다르게 매우 직접적이고 즉각적인 변화이기도 하였다. 그럼에도 불구하고 이 변화에 대한 몰이해는 전체의 변화에 대한 것과 다르지 않았다. 이 변화 역시 전체 변화에 동반된 것이었기에, 전체에 대한 몰이해 속에서 부분에 대한 몰이해도 이루어졌다. 이 몰이해는 이 변화에 대한 왜곡으로도 이어졌다. 기계에 대한 단순한 저항을 이야기하는 것이 아니다. 이러한 기계의 탄생을 촉진한 기술에 대한 당대 사상가들의 일방적인 찬양이나 비탄 역시 이 변화에 대한 왜곡인 것은 매한가지였다. 이 왜곡을 넘어선 근본적 이해는 기술과는 전혀 무관한 것처럼 보이는 예술 분야에서 이루어졌다. 비록 그 변화가 시작된 지 오랜 후이긴 하였지만, 예를 들어 20세기 초 찰리 채플린의 <모던타임즈(Modern Times)>는 거대한 변화 속에서 기계와 인간이 맺게 된 새로운 관계의 의미를 슬픔을 숨긴 해학으로 그려내기도 하였다. 기계와 인간은 모두 생산에 투입된 도구이며, 더욱이 인간은 기계에 부수된 보잘 것 없는 도구임이 예술작품들을 통해 폭로되었던 것이었다.

노동하는 존재로서의 인간이 새로운 것은 결코 아니었다. 우리는 이미 알고 있다. 노동의 역사가 매우 길다는 것을 말이다. 인류의 태동도 노동과 무관하지 않다. 성경에 따르면, 인류의 조상인 아담과 이브가 지상으로 쫓겨나 수행해야 했던 최초의 형벌도 노동(labor)이었다. 지상으로 쫓겨난 인류는 생존을 위한 과업을 수행해야만 했으며, 그 생존을 위한 활동이 곧 노동이었다. 인간의 활동적 삶을 세 개의 범주로 구분했던 한나 아렌트(Hannah Arendt, 1906~1975) 역시 인간이 자신의 생존을 위한 수행하는 활동을 노동이라 규정하였다.[5]

---

5) 한나 아렌트, 『인간의 조건』, 이진우 역, 한길사, 2017, 73쪽 참조.

생존은 삶의 필수적인 부분이며, 따라서 노동은 그러한 삶을 위해 반드시 수행해야만 하는 필연적 활동이다. 제아무리 힘들고 수고롭다 할지라도, 자신의 생존을 추구하는 한, 인간은 결코 노동에서 벗어날 수 없는 것이었다.[6] 그런데 이렇게만 보면, 인간은 동물과 다를 바가 없다. 동물 역시 자연 속에서 그들의 생존을 위해 마냥 투쟁하며 살고 있다. 만일 인간과 동물이 다른 것이라면, 인간의 유일한 목표가 생존만이어서는 안 된다.

> 활동적 삶(vita activa)이라는 개념으로 나는 인간의 세 가지 근본 활동, 즉 노동·작업·행위를 표현하고자 한다. 이 활동들이 근본적인 까닭은 인간이 지상에서 삶을 영위할 때 주어져 있는 기본 조건들과 각각 일치하기 때문이다. …… 노동은 개인의 생존뿐 아니라 종의 삶까지 보장한다. 작업과 그 산물, 즉 인간의 인공물(artifact)은 유한한 삶의 무익함과 인간적 시간의 덧없음에 영속성과 지속성을 부여할 수단을 제공한다.[7]

예를 들어 인간은 붓을 제작하지만, 이 붓의 제작은 그 자체로 생존과는 무관한 인간의 활동이다. 물론 이 붓으로 새로운 직업적 활동을 우리가 벌일 수는 있지만, 그 붓이 애초부터 생존을 위해 만들

---

6) 이러한 의미에서 노동을 이르는 여러 말들이 모두 수고와 고통이라는 뜻과 연관되어 있다.
7) 한나 아렌트 앞의 책, 73~75쪽. 이 책의 역자는 인간의 활동적 삶에 대한 아렌트의 세 가지 구분 중, work에 해당하는 부분을 '작업'이라 번역하였지만, 이 말의 본래 의미에 더 어울리는 것은 '일'이다. 그 까닭은 아렌트는 호모 파베르의 'work'가 '제작'이라고 말하는 데, 이 때 'work'는 호모 파베르의 고유한 구실이다. 작업은 이 구실 가운데 속하는 한 종류일 뿐이며, 이러한 의미에서 'work'는 작업보다는 일(ergon, 구실)로서 이해됨이 더 설득적이라고 본다.

어진 것은 아니다. 이러한 인공물의 제작을 한나 아렌트는 '일(work)'이라 부르며, 도구의 제작은 바로 이 일의 활동에 따른 결과이다. 인간은 노동(labor)도 하지만, 일(work)도 하는 존재이다. 노동과 일은 때때로 교차하여, 일의 결과가 노동을 보다 더 쉽게 하는데, 다시 말해 노동의 수고로움을 더는 데 사용될 수는 있지만, 이 둘의 근본적인 의미와 목적은 전혀 다르다. 인간은 노동과 다른 생존을 지향하지 않는 활동들을 수행하며, 이를 통해 인간은 동물과는 다른 독특한 존재성을 갖게 되니 말이다. 그런데 문제는 인간의 삶에서 이러한 목적의 다양성이 사라질 때이다. 아렌트에 따르면, 이러한 다양성의 상실은 근대의 사유 속에서 이루어진 인간에 대한 이해에서 비롯되었으며, 산업혁명은 그 결과가 가장 분명하게 드러나는 장(場)이었다. 그렇다고 해서 아무런 변화가 일어나지 않다가 산업혁명으로 갑자기 이러한 변화가 일어난 것은 아니었다. 그 변화의 조짐은 그 이전부터 시작되었고, 그 구체적 변화의 모습은 영국의 구빈법 사례에서 추적해볼 수 있다.

3 인간과 사회를 이해하는 방식의 변화

구빈법은 말 그대로 가난한 이들을 도와주는 제도였다. 자신 스스로 생계를 책임질 수 없던 노인이나 병약자 그리고 빈민아동들에 대하여 생존을 유지할 수 있도록 일자리와 식량 등의 원조를 제공하는 제도였다. 각 교구나 지역을 중심으로 시행되었던 제도이지만, 이 제도는 사실 국가라는 사회적 기원을 갖는 것이었다. 국가가 일종의 가부장처럼 극빈층을 보호하려고 했던 이유는 국가가 국민들에 대하여 갖고 있는 의무에 기반한 것이었다. 아마도 잘 알려진 토마스 홉스의 이야기를 떠올려보면, 이것을 좀 더 쉽게 이해해 볼 수 있다. 홉스에 따르면, 자연 상태에서의 인간은 본성상 다른 인간에 대하여 늘 투쟁 상태에 있다.

> 인간의 본성 속에서 분쟁을 일으키는 세 가지 주된 원인을 찾을 수 있다. 첫째는 경쟁(competition)이며, 두 번째는 불신(diffidence)이고, 세 번째는 공명심(glory)이다. 인간은 첫째, 이득을 위해 침약하고, 둘째, 안전을 바라서, 셋째, 공명심 때문에 명예수호를 위한 공격자가 되는 것이다. 첫째는 타인의 처자 권속 및 가축들의 지배자가 되기 위해 폭력을 사용하고, 둘째는 자기 방어를 위해, 셋째는 한 마디 말 또는 단 한 번의 웃음, 의견 차이 등 직접적으로 그들을 향한 것이거나 간접적으로 그들의 친척·벗·민족·직업·가문을 불문하고 그것을 얕잡아 보는 사소한 표현들 때문에 폭력을 동원한다. … 인간은 그들 모두를 위압하는 공통 권력이 없이 살아갈 때는 전쟁상태로 들어간다는 것이다. 이 전쟁은 만인에 대한 만인의 전쟁이다.[8]

인간은 자연 상태에서 자신의 이익을 위해 서로에 대하여 전쟁의 상태에 놓이게 되며, 이러한 상태의 지속은 인간의 생존 자체를 위험에 빠뜨리게 만든다. 인간이 자신의 생존을 위해서는 이러한 자연의 상태에서 벗어나야 하며, 이를 위해 필요한 것이 바로 인간 모두를 위압할 수 있는 공통 권력인 국가, 즉 레비아탄(Leviathan)인 것이다. 이 공통 권력은 생존을 위해 스스로의 권리를 인간이 국가에게 양도함으로써 성립되며, 주권으로서의 국가는 자신의 권리를 양도한

---

8) 토마스 홉스, 『리바이어던』, 최공웅·최진원 옮김, 동서문화사, 2018, 131쪽.

국민들에 대하여, 그들의 생존을 유지토록 하는 의무를 갖게 되는 것이다.

인간이 자연의 상태에서 벗어난다는 것은 매우 중요한 의미를 갖는 것이다. 우리가 흔히 사용하고 있는 '문화(文化), culture)'라는 개념은 본래 자연과 반대 관계에 있는 것으로, 인간이 자연으로부터 배우거나 추론할 수 없는 인간만의 고유한 성과와 가치들의 총체를 의미한다. 국가가 자연의 상태를 빗어난 인간의 사회라는 점에서, 국가의 탄생은 근본적으로 문화적 사건이 된다. 국가는 인간의 사회 내에서 모든 것에 우선하는 것이었다. 국가의 존속이 국민 생존의 조건이기 때문이다. 따라서 국가는 그 자신의 유지를 위한 개입을 권리로서 행사할 수 있으며, 경제 역시 국가의 개입 대상이 된다. 경제는 국가의 일부로서, 부는 이러한 국가의 목적에 복속되어야 하는 것이었다. 극빈자를 대상으로 한 구빈법은 특정한 대상자만을 향해 있는 것이 아닌, 이와 같은 전체의 목적과 연관된 것이었다.

영국의 구빈법이 획기적 전환기를 맞이한 것은 산업혁명이 막 태동하던 시점이었다. 18세기 말 노동시장을 전국 단위로 확장하는 것에 맞서 영국의 스피넘랜드 지역에서는 지역 유지들이 모여 최저생계 수준 이하의 임금을 받는 노동자들에게 수당을 보조해주는 구빈법을 시행하였다. 이 보조는 직업이 없는 사람들뿐 아니라 직업이 있더라도 임금이 적은 노동자들에게 생존을 유지할 수 있는 빵을 구매할 정도의 일정한 금액을 상한선으로 정하여 부족분을 지원하기도 하였다. 이것은 본인뿐만 아니라 부양하는 가족에게도 지급되었다. 가족 구성원의 수에 따라 공적 부조를 제공했던 것이다.

문제는 이 부조의 제공에 따른 비용이 컸다는 데 있었다. 이 비용은 다시 노동자들의 세금으로 충당되었으며, 이는 다시 노동자들의 임금 하락을 부추겼고, 이것은 다시 비용의 상승을 초래하였다. 자본가들은 낮은 임금을 주더라도 공적 보조를 통한 지원이 이루어지기 때문에, 임금의 수준을 낮추었으며, 임금의 수준이 낮아짐에 따라 노동생산성 역시 하락하였다. 이러한 악순환 속에서 구빈법에 대한 근본적 회의가 일게 되었다. 이러한 구빈법은 사람들이 구빈을 받는 자신의 지역 밖으로 나가는 것을 근본적으로 방해하는 것으로, 이미 폐지된 정주법을 구빈법을 통해 유지하는 꼴이었다. 전국의 어디에서나 공장을 세우고, 이 공장을 가동하는 데 필요한 노동자들을 어디에서나 자유롭게 구하기 위하여 전국적 노동시장을 원했던 당시의 산업가들과 자본가들에게 이러한 구빈법은 그야말로 눈의 가시였던 셈이었다. 스피넘랜드에서 시작하여 전국적으로 확장된 이 구빈법에 대하여 영국은 왕실차원에서 조사단을 꾸렸으며, 이 조사단의 결과를 바탕으로 1834년 스피넘랜드법은 폐지되었다. 이후의 구빈법은 이러한 직접적인 원조 대신 임금철칙 등을 통해 직업을 찾도록 하는 데 초점이 맞추는 것으로 변화되었다.

그런데 이러한 구빈법의 변화는 사실 매우 중요한 이념적 변화를 동반한 것이었다. 이 변화에 결정적 역할을 한 것이 바로 1786년에 나온 조지프 타운센트의 『구빈법에 대한 논고』였다.9) 그는 이 보고서에서 칠레 연안의 가상의 섬 로빈슨 크루소 섬의 이야기를 기술하였다. 그에 따르면, 스페인 상선들이 식량의 보급과 휴식을 위해 바다 한 가운데 있는 로빈슨 크루소 섬에 몇 마리의 염소를 풀어놓았다. 염소의 번식력은 대단하여 곧 섬 전체에 염소들이 퍼져 나가기

---

9) 타운센드의 이 보고서에 대한 자세한 내용은 다음을 참조할 것. 칼 폴라니, 『거대한 전환』, 홍기빈 옮김, 2009, 337~346쪽.

시작하였다. 오랜 항해에 지친 선원들이 이 섬에 들려 염소를 먹이 삼아 신선한 고기와 휴식을 즐길 수 있게 된 것이었다. 그러나 이 혜택을 스페인 상선만 누린 것은 아니었다. 당시 스페인의 상선들을 약탈하던 영국의 사략단의 눈에도 섬 안의 염소들은 보였기 때문이었다. 이것은 애초에 로빈슨 크루소 섬에 염소를 풀어놓았던 목적과는 전혀 다른 것이었다. 혜택보다는 오히려 자신들의 피해만 더 커질 상황이었던 것이다. 그리하여 스페인은 염소를 없애기로 결심하고, 섬에 한 쌍의 개를 풀어놓았다. 개들로 하여금 염소를 잡아먹도록 할 요량이었던 것이다. 그런데 그 결과는 전혀 다른 방향으로 전개되었다. 개들과 염소들이 그 섬에서 각자의 영토에 적절한 비율로 나뉘어져 있었던 것이다.[10]

타운센드는 구빈법에 대한 보고서를 쓰고자 하였음에도 왜 개와 염소의 이야기를 했던 것일까? 구빈법과 개와 염소의 생태계 구조는 도대체 어떤 관계가 있는 것일까? 언뜻 보면 구빈법과 개와 염소의 상황은 전혀 무관한 듯 보인다. 그렇지만 타운센드의 보고서에서 이 둘은 매우 밀접하게 관련되어 있다. 그러니 타운센드가 구빈법에 대한 논고에서 개와 염소의 이야기를 꺼낸 것은 매우 의도적인 것이었던 것이다. 구빈법과 로빈슨 크루소 섬의 상황은 어떻게 연결되는 것이었을까? 하나씩 짚어보면 로빈슨 크루소 섬의 상황은 이러하다. 맨 처음 염소만이 있을 때, 염소들은 섬 전체로 퍼져나갔다. 이것은 스페인에서 기대한 바이기도 하였다. 하지만 영국의 약탈자들 역시 염소를 이용하였기에, 스페인은 염소들을 없애고자 하였다. 개를 풀어 놓은 것은 이러한 의도였다. 그런데 스페인의 의도는 실현되지

---

10) 물론 이 이야기는 가상의 섬이 중심이라는 점을 고려해야만 한다.

못하였다. 개와 염소들이 자신들의 생활환경과 조건 등에 의해 서로의 고유한 서식처 및 상호 관계를 통해 수적 '균형'을 이루었기 때문이었다. 이 균형은 인간의 인위적으로 개입한 결과가 아니었다. 인간이 한 것은 개를 풀어 놓은 것이었으며, 그 의도는 염소를 없애는 것이었다. 이 인간의 의도와는 무관하게 자연 속에서 이른바 자연적으로 염소와 개의 개체 수는 조정되었던 것이다. 로빈슨 쿠르소 섬의 상황은 이러한 것이었다. 그런데 구빈법은 어떠한가?

구빈법은 산업의 구조 및 조건의 변화로 인하여 생계를 유지할 수 없는 노약자나 병인들에게 생존을 위한 지원을 하는 것이었다. 더 나아가 스피넘랜드 법의 경우처럼, 이러한 구호는 직업이 있는 노동자들에게도 확대되었다. 이것은 인간의 생존에 있어 사회나 국가가 인위적으로 개입한 결과였다. 이 개입은 한 편으로는 불쌍한 극빈자들을 직접적으로 구호하는 것이었지만, 다른 한 편으로는 부의 편중에 따른 결과를 해소하는 것으로서 일종의 인위적 균형을 맞추려는 조처이기도 하였던 것이다. 그런데 이 균형은 그 자체로 인위적인 것이었다. 지원을 위해 식량이나 돈 등의 물품들이 동원되어야 했으며, 이에 따른 비용 지출은 필연적인 것이었다. 그렇다고 해서 이 인위적 균형 정책이 뚜렷한 효과를 본 것도 아니었다. 특히 스피넘랜드 법의 경우처럼, 구빈법은, 산업 자본가들의 입장에서 볼 때, 산업 성장에 방해 요인이 되기도 하였다. 만일 이 균형이 로빈슨 쿠르소 섬에서처럼 '자연적으로' 이루어질 수 있다면 어떠할까? 이것이 가능하다면, 이 균형은 별도의 비용이 들지 않는 매우 효율적 방법으로 큰 효과를 기대할 수도 있지 않을까? 타운센드의 마음속에 있던 실제 목적은 바로 이것이었다. 조금 길지만, 타운센드의 이야기를 살펴보기로 하자.

굶주림은 제아무리 흉맹한 동물이라도 순하게 길들이는 법이며, 또 제아무리 비비 꼬인 꼴통들이라도 그들에게 예의, 공손함, 순종과 복종 등을 가르치는 법이다. 무릇 그들(빈민들)에게 일하고 싶은 맘이 들도록 자극하고 부추길 수 있는 것은 오직 굶주림뿐이다. 하지만 우리의 법률은 그들이 결코 굶주리지 않도록 정해놓은 실정이다. 그런데 또 우리의 법률은 마찬가지로 그들이 일하도록 강제해야 한다고 말하고 있음을 직시해야 한다. 이렇게 모순 상태에 있는 법을 강제하려다 보면 결국 많은 문제들과 폭력과 소란이 따르게 마련으로, 좋은 결과는 전혀 낳을 수 없고, 악심을 품은 자들만 잔뜩 만들게 된다. 반면 굶주림은 평화롭고 조용하면서도 끊임없이 작용을 가해 가난한 이들이 일하지 않을 수 없도록 만드는 압력일 뿐만 아니라, 사람이 근면과 노동으로 나서도록 만드는 가장 자연적인 동기이므로, 그들로 하여금 온몸을 바쳐 전력투구하도록 만든다. 게다가 이 굶주림이라는 것은 만약 다른 이의 대가 없이 주는 자비로 충족될 경우에는 주는 이와 받는 이 사이의 선의(善意)와 감사의 감정을 자아낼 확실하고도 지속적인 기초가 된다. 일을 하도록 강제해야 하는 것은 노예이며, 자유로운 인간이라면 그 스스로의 판단과 결정에 맡겨두어야만 한다. 그는 많건 적건 스스로의 소유를 충분히 즐길 수 있도록 보호받아야 하며, 이웃의 재산을 침범할 경우에는 처벌받아야 한다.11)

타운센드는 생물학적 본성에 호소하고 있다. 로빈슨 크루소 섬에서 염소뿐만 아니라 개 역시 자신들의 생존을 지키려 하는 것들만이 목숨을 부지할 수 있었으며, 그 수 역시 먹이의 수준을 넘을 수 없었다. 인간 사회 역시 마찬가지이다. 굶주림에 직면하여 그 굶주림을 극복하여 생존을 유지하기 위해서는 그것을 극복하기 위해 노력해

---

11) 칼 폴라니, 앞의 책, 341~342쪽.

야만 한다. 이러한 자연적 메커니즘에 대한 인간의 개입, 즉 구빈법은 이러한 자연의 법칙을 교란하는 결과만 낳을 뿐이다. 그들이 굶지 않기 위해서는 스스로 식량을 조달할 방법을 찾아야 하며, 그 외에는 도태(淘汰)되는 것이다. 그래서 그는 말한다. "인류의 수를 조절하는 것은 식량의 양"이라고.[12]

타운센드의 생각 속에는 토마스 홉스의 '국가'와는 다른 사회에 대한 이념이 녹아 있다. 홉스의 생각에서 인간의 사회는 자연과는 다른 것이었다. 그는 인간이 자연 상태 속에서 지속적으로 그 자신의 생존을 유지할 수 없을 것이며, 생존을 위해서라도 인간은 자연의 상태에서 벗어나야만 하는 존재였다. 이를 위해 인간은 자연에서 벗어난, 자연과는 전혀 다른 인간의 사회로서의 국가를 필요로 하게 된 것이다. 이러한 홉스에게 있어 자연과 사회는 엄연히 구분될 수밖에 없다. 이와는 달리, 타운센드의 생각 속에서 자연과 사회는 동일한 것이다. 자연으로서의 로빈슨 쿠르소 섬과 인간의 사회는 근본적으로 다르지 않으며, 따라서 자연에서 적용되는 것은 사회에도 적용되는 것이다. 균형이 인간의 개입 없이 자연적으로 조정되듯, 인간의 사회 역시 마찬가지이다. 이를 위해 이 조정의 과정에 인간의 개입은 차단되거나 최소화되어야만 한다. 인간의 인위적 개입이 스스

---

12) 앞의 책, 341쪽. 타운센드의 생각은 그만의 생각으로 멈추지 않았다. 칼 폴라니에 따르면, 타운센드의 생각은 콩도르세(Condorcet)를 거쳐 맬서스로, 그리고 맬서스에서 다윈으로 옮겨졌다. 이 점은 맬서스의 『인구론』에서의 유명한 명제, 즉 식량은 산술급수적으로 증가하지만, 인구는 기하급수적으로 증가한다는 말에서 확인할 수 있다. 이 말의 핵심은 식량과 인구 간의 차이를 인위적으로 극복할 수 없다는 점이다. 이것을 극복할 수 없는 사람들은, 로빈슨 쿠르소 섬에서 가장 먼저 희생당한 약한 것들처럼, 도태될 뿐이다. 적자생존(適者生存)이라는 다윈의 명제 역시 이와 동일한 의미 선상에 놓여 있다.

로 조정되는 과정을 방해할 수 있기 때문이다.

인간의 사회가 자연과 다른 것이 아닌 한, 인간 역시 자연 내의 한 존재에 불과하다. 우리는 자연의 법칙을 통해 자연과 그 안에 존속하는 존재자들을 설명하고 이해한다. 만일 그 자연에 인간의 사회 역시 포함된다면 어떠한가? 우리는 우리 자신으로서의 인간과 우리의 사회 모두를 자연을 탐구하는 방식 그대로 탐구하고 설명할 수 있게 된다. 자연법칙이 존재한다면, 그 법칙은 자연뿐만 아니라 인간 사회의 법칙이기도 한 것이다.

4 인간과 사회를 보는 두 시선

자연과 인간의 사회를 동일 선상에서 이해하고 설명하려는 태도는 비단 산업혁명 초기만의 특징이 아니다. 우리는 지금도 그러한 입장을 종종 목도하고 있다. 생물학에 기초하여 인간의 사회적 행위를 설명하려는 소위 '사회생물학(socio-biology)' 역시 과학의 이름으로 그 세(勢)를 크게 유지하고 있다. 과학만큼 우리에게 신뢰를 줄 수 있는 것이 있을까? 우리는 종종 과학적 근거를 지식과 지식이 아닌 것을 구분하는데 사용하곤 한다. 그 만큼 과학에 대한 우리의 신뢰는 크다. 자연법칙은 바로 이 과학의 최종 결과로서, 자연법칙에 대한 신뢰는 과학의 신뢰하는 정도에 비례할 것이다. 이러한 점에서 자연과 동일선상에서 인간과 그의 사회를 설명할 수 있다면, 이러한 시도 역시 그 신뢰도를 높이 가지게 될 것이다. 그런데 과연 자연에 대한 과학적 설명과 자연법칙의 신뢰성은 그저 그 결과의 명확성 때문일까? 우리는 흔히 지난 과학적 설명의 잘못을 뒤에 발견하기도 하며, 설명의 패러다임 변화에 따른 과학적 설명의 대체 현상도 종종 목격한다. 우리가 흔히 "예외 없는 법칙은 없다."는 격언을 사용하듯, 자연과학 역시 완벽한 결과를 제공하지는 못한다. 그러니 결과만으로 그 신뢰성을 설명하는 것은 충분한 것이 되지 못한다. 그렇다면 과연 자연이 어떻게 설명되고 있기에 과학과 그 법칙은 높은 신뢰성을 갖게 된 것일까?

이 설명은 자연에 대한 특정한 시각에서 유래된 것이다. 특정하다는 것은 그 시각의 독특성을 나타내는 것일 뿐, 시각의 유일성을 의미하는 것은 아니다. 그리고 이 시각이 지금은 과학이라는 이름으로 전개되고 있지만, 사실 이 시각 자체는 매우 긴 긴 역사적 전통을 가지고 있다. 그 전통의 시작 무렵, 이 시각은 자신과 매우 다른 시각과 대립하기 시작하였다. 우리는 이 두 시각을 다음과 같이 명명해왔다. 신화(mythos)와 이성(logos)이 바로 그것이었다. 이 두 시각의 차이를 알아보기 위하여 우리는 서양철학의 탄생을 언급해야만 한다. 왜냐하면 이 둘 간의 차이와 대립이 서양철학의 탄생과 매우 밀접하게 연관되어 있기 때문이다.

서양철학의 탄생과 관련된 유명한 진술 중 하나는 그 탄생이 신화의 문지방을 건너서면서 이루어졌다는 것이다. 이 말에서 문지방은 일반적으로 단절로 이해되었다. 즉, 신화의 역사가 끝나면서 이성의 역사가 시작될 수 있었다는 점이다. 이 점에서 신화는 이성과 명확히 구분되는 것이 된다. 최소한 이것들이 비교되는 것은 이 둘 모두 사고(思考)의 능력과 방법이라는 공통점을 갖고 있기 때문이다. 이 점을 고려한다면, 이 문지방은 신화의 역사와 이성의 역사를 구별하는 것이기도 하다. 신화의 역사를 벗어나 이성의 역사에 들어선 순간, 인간은 비로소 이성의 사고를 시작하였고, 여기서 서양의 철학은 시작된 것이다. 아리스토텔레스라는 철학자가 인간을 이성적 존재 (zoon logon echon)로 규정하듯, 이성의 역사에서 이성은 인간만의 특성을 나타내는 것으로 간주되었다. 이성이야 말로 인간을 다른 종과 다른 존재로서 규정할 수 있는 가장 인간다운 것이다.

이성적 사고를 중시하는 사람들은 신화와 이성의 결별을 신화의 종결로 이해하려하기도 한다. 그리고 이러한 이해 속에서 이 둘은 전적으로 별개의 것으로 간주되곤 한다. 물론 이 두 사고는 다른 것이긴 하지만, 그렇다고 전적으로 별개의 것은 아니었다. 이 둘 사이에는 하나의 공통점이 놓여있기 때문이다. 그것은 바로 존재의 시작점(arche)이 있다는 것이다. 뒤에 가서 좀 더 자세히 언급하겠지만, 이 둘 간의 차이점 역시 이 공통점과 연관된다. 신화는 그 시작의 끝을 상정하지 않지만, 이와 달리 이성은 그 끝을 상정하는 사고방식이다. 이러한 이성의 특징은 서양철학의 첫 페이지에 해당하는 자연철학에서 잘 드러난다.

자연철학자라 불린 일군의 초기 철학자들이 해명하고 싶었던 것은 **만물**이 *무엇으로부터(ex hou)으로부터* 유래되고 창조되었는가 하는 것이었다. 만물의 시초(arche)에 대한 해명이 목표였던 것이다. 그런데 왜 시초가 해명의 목표가 될 수 있었을까? 사실 이들의 핵심 목표는 만물을 설명하는 것이었다. 그러나 만물은 그 말만큼이나 수효가 많았고, 그것들을 모조리 탐구하는 것은 불가능했었을 것이다. 이들의 방법은 무엇이었을까? 이들은 그것들 각각 대신에 이 만물을 결과로 상정하였다. 그리고 이 결과를 산출한 시원으로서의 시초적인 것을 거슬러 찾을 수 있다면, 그 시초로부터 그 결과들을 논리적으로 이해하고 해명할 수 있는 것이었다. 여기서 만물은 이 변화 과정의 **끝**이었다. 물론 이 끝이 변화의 모든 종결이라고 이야기할 수는 없지만, 그럼에도 불구하고 어떤 변화의 종결지점이라고 상정되는 것은 분명하였다. 시작과 끝. 여기서 시작은 끝의 원인이며, 이 원인에서 결과하는 것이 바로 그 끝이다. 원인과 결과, 즉 인과적 설명이 자연에 대해 시도되는 것이었다. 이러한 사고 능력을 표현한 말이 바로 로고스(이성, logos)였다. 소크라테스 이후 철학의 방향은 다시 목적(eis ho)에 대한 탐구로 변경되었지만, 그 기본적 사고의 능력과 방식이 로고스에 기초해있다는 점은 결코 변경되지 않았으며, 그이후의 과정 역시 마찬가지이다. 자연철학 이후 지금까지 최소한 학문의 영역을 구축하고 유지해 온 전 과정에서 우리가 사용해 온 사유의 능력과 방법은 로고스였다.

시작과 끝이 상정되면, 우리는 수많은 변화들을 설명할 수 있게된다. 운동 역시 시작과 끝을 정하면, 우리는 운동을 실제 멈추지 않고서도 운동을 설명할 수 있게 된다. 과속단속 카메라를 예로 들어보자. 우리가 과속단속 카메라를 지날 때, 우리는 결코 운동을 멈추지 않는다. 우리가 운전하는 자동차는 계속해서 움직이고 있다. 그런데 그렇게 움직이고 있는 자동차의 속도를 어떻게 계산할까? 자동차가 지나는 찻길에는 두 개의 센서(sensor)가 묻혀있다. 그 중 하나의 센서는 운동의 출발점이고, 다른 하나는 운동의 종결점이다. 이렇게되면, 이 둘 간 에는 거리가 발생하고, 그 거리를 지나는 동안의 시간이 측정될 수 있다. 이렇게 되면 움직이고 있는 자동차는 시간과거리의 관계로 전치되며, 이 둘의 관계를 통해 자동차의 속도를 계산하게 되는 것이다. 변화를 측정하는 다양한 방식들이 있지만, 변화를 대하는 태도는 모두 동일하다. 우리가 어떤 작업의 효율성을 따질 때 역시 마찬가지의 태도가 적용된다. 투입 대비 산출을 비교하는 방식은 시작과 끝을 정하는 기본적인 사고, 즉 로고스적이다.

이와 다른 인식의 태도가 바로 신화(mythos)이다. 앞서 언급했듯 신화와 로고스의 공통점은 시원으로서의 시초를 인정하는 것이다. 그러나 그 끝을 상정하지 않는 것이 로고스와는 다른 신화(mythos)만의 특징이다. 여러 신화의 이야기(mythology)들에서 우리는 신화적 사유의 독특함을 확인해 볼 수 있다. 몇 가지의 예를 들어보자.

먼저 고대 그리스의 윤회 사상에 대한 이야기부터 해보고자 한다. 윤회는 삶과 죽음을 연관시키는 개념이다. 우리는 가끔 죽는다와 죽인다와 같은 말을 험한 상황에서 위협을 목적으로 사용하곤 하는데, 이 말이 위협이 될 수 있는 것은 죽음이 끝이라 생각되기 때문이다. 삶은 죽음으로 종결되며, 이 종결을 통해 생은 무화된다. 그러니 생을 유지하고자 하는 사람에게 죽음에 대한 경고는 매우 큰 위협일 수밖에 없다. 그런데 고대 그리스에 있어서 죽음은 끝이 아니었다. 고대 그리스는 삶과 죽음의 경계선에 다섯 개의 강이 있다고 생각하였다. 이 강들은 모두 삶과 죽음의 과정과 연관되어 있는 것이었다. 모든 강의 의미가 중요하지만, 여기서 윤회와 관련하여 이야기하고자 하는 것은 레테(lethe)강이다. 이 레테는 그리스어로 '망각'을 의미한다. 이 망각은 윤회의 구조에서 매우 중요한 역할을 한다. 만일 전생의 기억이 후생의 삶에서 계속 이어진다면 어떻게 될까? 혹여 그것이 좋은 기억들이라면 다행이지만, 나쁜 기억이라면 생을 이어 고통을 지속해야만 할 것이다. 이것이야 말로 형벌 중 가장 큰 형벌일 것이다. 이러한 점에서 망각은 생과 사의 연속적 과정이 형벌이 아닌 흐름의 과정이게 해주는 매우 중요한 역할을 수행하는 셈이다. 이번의 생을 살고 있는 우리가 현재의 기억만을 갖고 있는 것은 우리가 지금에만 존재해서가 아니라 망각의 강물을 마심으로써 과거생의 기억을 망각하고 있기 때문이다. 생과 사는 시작과 끝이 아닌,

끝이 없는 생의 연속적 과정일 뿐이다.

이러한 생의 연속적 과정은 변신(變身)이 모티브인 신화들에서도 반복된다. 우리에게 익숙한 내용을 담고 있는 데우칼리온과 피라의 신화를 예로 들어보자. 이 신화는 홍수 신화로서 세계 여러 곳의 홍수 신화와 유사한 내용을 담고 있다. 특히 노아의 방주와 이름만 다를 뿐, 그 내용은 거의 대동소이하다. 그 이야기를 이러하다. 데우칼리온은 프로메테우스의 경고에 따라 제우스가 불경한 인간을 벌하기 위해 준비한 대홍수를 대비하기 위한 방주를 만들어 아내인 피라와 대홍수를 피하게 된다. 대홍수가 끝나고 밖으로 나온 그들은 새로운 인류의 조상이 된다. 그들은 어머니의 뼈를 등 뒤로 던지라는 여신 테미스의 신탁을 듣고, 어머니는 대지이고 어머니의 뼈는 대지의 돌이라 해석하여 돌을 그들의 등 뒤로 던졌다. 그리고 뒤로 던진 돌은 사람이 되었다. 여기서 주목되는 것은 새로운 인류의 탄생, 즉 돌이 사람으로 변신한 것이다. 신화학자였던 막스 뮐러는 이 신화를 일종의 정신적 미숙함으로 설명하였다. 그에 따르면 이 신화의 핵심 내용인 돌이 사람으로 변하는 것은 동음이의어 관계인 두 단어, 즉 사람(laos)과 돌(laas)을 원시인의 미성숙한 정신이 혼동함으로써 빚어진 이야기라는 것이다. 그래서 그는 신화를 '언어의 병'이라 주장하기도 하였다. 그러나 이것은 신화의 사고의 특성에 대한 몰이해에서 비롯되는 것일 뿐이다. 끝을 상정하지 않는 것은 모든 것이 연결되어 있다는 것을 의미하는 것이다. 그래서 생은 사와 단절되지 않는 것이다. 단절되지 않음은 공간에 대한 신화적 사유에도 반복된다. 이들에게 공간은 결코 분할되지 않는다. 공간이 분할되지 않게 되면, 멂과 가까움은 존재할 수 없다. 즉 모든 공간은 하나일 뿐이다. 생과 사가 공간적으로 분할되지 않듯이, 모든 존재자들 역시 종(種)과 유

(類)로 나뉘거나 구분되지 않는다. 이것이 바로 동물과 식물을 조상으로 생각하는 토템이 가능했던 이유이며, 돌이 사람으로 변신할 수 있었던 이유이고, 생과 사가 끝없이 윤회할 수 있던 이유인 것이다. 생은 어떤 단계에서 특정한 모습으로 나타날 뿐이며, 그 모습이 정해지지 않는다. 그래서 대부분의 신화에서는 자신의 모습을 변화시키는 변신(metamorphosis)의 이야기가 반복되는 것이다. 자연은 인간과 분리되어 존재하는 것이 아니라 생의 연속적 흐름으로서 연대를 이루고 있는 것이다. 이 변화를 전체로서 사고하고 그려낼 수 있는 것은 오직 신화뿐이다.

신화와 로고스의 다른 시각은 인간과 그의 사회에도 그대로 적용된다. 신화적 시각 내에서 인간과 인간은 별개의 존재가 아니다. 그들이 낱낱으로 나뉘어 있는 존재들이 아니듯, 그들은 단독적 삶이 아닌 사회로서의 통일된 삶을 따른다. 그래서 공동체로서의 삶은 그들에게 절대적이다. 이들은 이 공동체로부터 그들 스스로를 이해하였으며, 신화는 그 이해의 계기였다. 만일 누군가가 공동체로부터 분리된다면, 이 분리 상황은 그에게 치명적 위기가 된다. 이는 단지 물리적 위기만이 아니라, 자신의 존재 의미를 박탈당하게 되는 위기이기도 하다. 신화시대에 있어 이 위기의 극복은 신화적으로 해소될 수 있었다. 그것은 곧 분리의 극복으로서, 공동체로의 재(再)합일을 통해 이루어졌다. 제의(祭儀)는 이를 위한 신화 고유의 방식이자 의식이었다.

시원으로서의 시초를 상정하고 있다는 점에서 신화는 로고스와 공통적이다. 그렇지만 여기에도 미묘한 차이는 있다. 그것은 신화가 그 시초를 상정하지만, 그것에 대한 관심은 사실 크지 않다는 점이다. 이 사고에 있어 모든 것들은 계속해서 변화의 와중(渦中)에 있으며, 여기서 중요한 것은 그 변화이지 그 시초가 아니다. 이미 그 변화는 계속해서 시초를 반영하고 있으며, 그 시초는 계속해서 변화의 흐름 속에 놓여 있기 때문이다. 그래서 신화적 사고는 이 변화를 그 자체로서, 전체로서 인식하고자 한다. 이와 달리 로고스적 사고에 있어 시초의 정체를 밝히는 것은 매우 중요하다. 그 시초는 끝과 상관성 관계에 놓이는 것이기 때문이다. 결과의 정체는 그 원인에 대한 파악을 통해 파악되고 설명될 수 있으며, 이를 위해 변화는 시작과 끝으로 재단된다. 이로써 로고스적 사고는 신화적 사고와 달리 변화를 전체로서 조망하지 않는다. 오히려 로고스적 사고는 이 변화를 낱낱으로 나누고자 하며, 이렇게 나뉜 것들 간의 관계를 통해 전체의 변화를 이해하고자 한다.[13] 수학의 미분과 적분은 이와 같은 로고스적 사고의 특징을 잘 보여준다.

   이러한 이 두 사고 간의 특징은 인간과 그의 사회에 대한 이해 방식에도 그대로 이어진다. 앞서 언급했지만, 신화적 사고 내에서 인간의 사회는 일종의 생명과 감정의 공동체이다. 하지만 로고스적 사고 내에서의 인간의 사회는 그러한 특징을 갖지 않는다. 물론 로고스 중심의 사회 역시 다양한 형태로 구축되어 왔지만, 우리가 앞서 보았던 타운센드의 사회는 자연을 설명하는 로고스적 사고의 모델이 인간의 사회에 적용되는 전형적인 예이다. 로고스라는 말의 뜻이 담고 있듯, 이러한 방식의 이해와 설명은 이성적이고 합리적이다. 로고스의 전통이 시작된 이후, 그리고 인간이 이 로고스를 자신의 종차로 삼은 이후, 로고스는 가장 인간적인 것이 되었으며, 인간뿐만 아

---

13) 이러한 관계는 우리가 함수(function)라 부르는 관계와 매우 닮아 있다. 변수들 간의 관계 형식을 다루는 함수는 곧 수학이며, 이 변화들이 수학으로 계산되고 기술될 수 있었던 것도 이 근본적 유사성 기초한다.

니라 인간 활동의 터인 사회 역시 이성적이고 합리적인 시각으로 조망되었다. 인간이 로고스적 존재인 한, 그는 이성적이고 합리적으로 행동해야만 한다.

로고스의 전통 속에서 인간은 이성적이고 합리적인 행동을 하는 존재이며, 이 행동을 위한 판단 역시 마찬가지이다. 따라서 인간으로서의 우리는 우리가 행하는 모든 것에 있어 합리성을 추구해야 한다. 이 합리성이 최고로 요구되는 것은 계산적 판단을 할 경우이다. 우리가 물건을 구매할 때를 생각해보자. 만일 같은 내용물을 담고 있는 것이라면, 우리는 가격 대비 효용을 따지게 된다. 예를 들어 동일한 원료로 만들어진 동일한 양 두 제품이 있는데, 한 제품이 다른 제품보다 싸다면, 우리는 싼 제품을 구매하게 된다. 비싼 제품을 사는 것은 가격 차이만큼의 손해이기 때문이며, 산 제품을 사는 것은 그 가격 차이만큼의 이득이기 때문이다. 이렇게 손해를 보지 않고 이득을 추구하는 것이 곧 합리적이며, 이와 같은 판단과 행위의 존재를 경제학은 호모 에코노미쿠스(homo economicus)로 정의하였다.

로고스의 전통 속에서 인간은 이제 호모 에코노미쿠스, 즉 자신의 이득을 배타적으로 추구하는 존재가 이해된다. 그리고 여기서 자연을 설명하는 데 사용되었던 효율성 개념은 매우 중요한 것이 되었다. 정상적이고 합법적인 이득 추구는 효율성을 극대화하는 방식을 통해 실현될 수 있기 때문이다. 소비가 이루어지는 개인 수준에서도 그러하지만, 생산과 판매가 이루어지는 기업의 차원에서도 그러하다. 효율성은 최소한 투입(input)보다 큰 결과(output)에서 기대되며, 그 결과의 비율이 높아질수록 효율성 역시 높아질 수 있다. 이 효율성의 극대화는 이러한 역학 관계 속에서 추진되었으며, 그것이 실현되는 장이 바로 시장이었다.

5 시장 그리고 노동

산업혁명은 '시장'이라는 새로운 사회의 발견과 매우 밀접하게 연관되어 있다. 산업은 시장사회의 촉진과 확장의 중심이었으며, 동시에 시장의 한 일원이기도 하였다. 이 시장의 등장이 산업혁명과 밀접하게 연관되어 있다는 것을 잘 보여주는 것은 바로 아담 스미스이다. 그가 말한 '보이지 않는 손'은 산업혁명의 시작 무렵 그가 했던 이야기였다. 그렇지만 이 시장의 근원적인 원리를 보다 더 선명하게 알려준 것은 앞에서 보았던 타운센드의 보고서였다. 타운센드의 보고서에서 등장하고 있는 로빈슨 크루소 섬의 개와 염소의 비율은 그 누가 개입하지 않고서도 조정되는 것이었다. 이 균형은 누군가의 손에 의한 것이 아니었다. 오히려 이 균형은 그러한 전제 자체를 부정하는 것이었다. 누구도 개입되지 않은 상태에서 이루어지는 균형은 '자기조정'에 따른 결과였다. 이 자기조정의 원리는 곧 시장의 원리였으며, 이 시장을 토대로 성립되는 사회, 즉 시장사회의 원리이기도 하였다.

이 자기조정의 원리에 의해 균형이 이루어지는 것은 수요와 공급이다. 이 수요와 공급의 균형이 자기조정의 원리에 의해 맞춰진다는 것은 그 균형을 이루는 과정에 다른 변인이 개입되지 않는다는 것을 뜻한다. 앞에서도 간략히 언급했듯이, 누군가가 이 과정에 개입하게 된다면, 이 그 결과는 균형이 아닌 왜곡으로 치닫게 된다. 그렇지만 이러한 개입의 차단은 본래적인 것은 아니었다. 이 원리가 주창되기 전, 이 균형은 국가에 의해 조정되었다. 자기조정 원리는 이와 같은 국가의 역할을 배제하는 것이었다. 사회적으로 구빈법의 폐지 역시 시장사회 내에서는 당연한 것이었다. 빈민에 대한 국가의 지원은 오히려 사회적 균형을 왜곡하게 만드는 것이었다. 예를 들어 빈민에 대한 무상 지원은 그 빈민을 계속 빈민으로 남게 만들 뿐이다. 이러한 국가의 개입은 문제를 결코 해결할 수 없다. 오히려 국가의 개입이 배제될 때, 즉 그러한 지원이 없을 때, 빈민들은 자신의 생존을 위해 무엇이라도 하려들게 된다. 이 빈민들은 생존을 위한 자리를 차지하기 위하여 서로 경쟁하려 들게 되며, 그 결과 그들 스스로 생존을 영위하게 된다. 물론 그 자리를 차지하지 못하는 이들의 운명은, 앞서 말했듯, 도태(淘汰)이다.

이 시장사회에서 모든 생산은 시장을 통해 이루어지게 된다. 생산을 위한 재료의 구매부터, 생산된 제품의 판매도 모두 시장이라는 구조와 원리 하에서 가능한 것이다. 따라서 모든 생산 요소들은 시장으로 진입되어야 하며, 시장을 통해 구매되어 생산에 투입될 수 있다. 시장에 진입하기 위해서는 판매될 수 있어야 하며, 시장에서 판매되는 것을 우리는 상품이라 부른다. 즉, 시장에 진입하기 위해서는 상품으로 전환되어야 하는 것이다. 여기서 매우 부자연스러운 상황이 발생한다. 생산의 3요소를 떠올려보자. 토지(자연), 노동, 화폐(자본)가 그것이다. 이 세 가지 요소 모두 생산요소인 이상 시장에서 구매되어야 한다. 그리고 구매를 위해 이 세 요소 모두 상품으로 전환되어야 한다. 여기까지는 아무런 문제를 느끼지 못할 수도 있다. 그런데 우리 주변에서 발견할 수 있는 상품들을 떠올려 보자. 컴퓨터를 예를 들어보자. 내가 사용하고 있는 컴퓨터는 내가 구매하기 전에는 구매될 상품이었지만, 그것이 어디서 뚝 떨어진 것은 아니다. 이 컴퓨터는 만들어져야 한다. 이 때, 컴퓨터는 특정한 목적 때문에 만들어진다. 그것은 바로 상품으로 판매되기 위해 만들어진다는 것이다. 여기서 상품의 존재 의미는 분명해진다. 상품은 판매되기 위해 존재하는 것이다.

　다시 생산의 3요소로 돌아가 보도록 하자. 이 세 요소 모두 시장에서 구매되어야 하는 것이기에, 그 진입을 위해서는 상품으로 전환되어야 한다. 토지와 노동 그리고 화폐가 상품이어야 하는 것이다. 그런데 앞서 우리는 상품의 의미를 분석하였다. 그것은 판매되기 위해 존재하는 것이다. 과연 토지가, 노동이, 그리고 화폐가 판매되기 위해 존재하는 것인가? 내가 구매한 물건은 내 것이다. 내가 구매한 물건은 내가 구매함으로써 나와 관계를 맺게 된다. 이렇게 나와 관계를 맺을 수 있기 위해서는 그 물건은 누군가에게 '양도'될 수 있어야 한다. 양도가 가능하기 위해서는 일정한 조건이 있다. 그 물건은 나와 관계를 맺기 이전에 다른 관계 하에 놓여 있었을 것이다. 그러나 그 관계를 지속하고서는 나에게 양도될 수는 없다. 예를 들어 내가 중고차를 하나 구매했다고 할 때, 그 차는 전 주인과의 관계를 단절해야만 내게 양도될 수 있다. 상품은 반드시 양도될 수 있어야 하며, 상품이 되려면 양도 가능해야만 한다. 토지, 노동, 화폐가 과연 양도 가능성의 모든 조건을 만족시킬 수 있는 것일까? 이 세 가지 모두 이 조건에서 자유로울 수 없다. 하지만 여기서 이 모든 것을 일일이 따져볼 수는 없다. 이 셋 중 우리는 한 가지만, 노동만을 이야기해보고자 한다.

　노동이 상품이 되려면, 그것은 양도될 수 있는 것이어야 한다. 이 양도를 위해서 노동은 그 노동이 상품화되기 이전에 맺고 있는 관계를 모두 단절할 수 있어야 한다. 과연 노동은 그러할 수 있는가? 사실 노동은 그 자체로 상품화될 수 없다. 노동은 인간의 활동 그 자체를 의미하는 것이기 때문이다. 그렇다면 우리가 흔히 노동을 판다고 했을 때, 판매되는 상품은 무엇인가? 그것은 노동의 능력, 즉 노동력이다. 그런데 노동력이라고 해도 문제가 해결되는 것은 아니다. 노동력이 상품이 되려면, 그 노동력이 맺고 있던 관계, 즉 그 노동력을 갖고 있는 사람과의 관계가 단절되어야 한다. 이념적으로 우리는 우리가 가지고 있는 능력과 우리 자신을 구분하고 분리할 수 있을지 모른다. 그러나 실제 물리적으로 그 분리는 가능하지 않다. 우리는 물리적으로 우리 자신의 노동 능력을 우리 외부로 꺼내어 양도할 수 없다. 그렇지만 이 능력이 생산에 투입되기 위해서는 반드시 상품이 되어야만 한다. 어떻게 가능한 것인가? 사실 가능하지 않지만, 이 상품화는 매우 부자연스럽게 이루어져야 한다. 상품화되는 것은 노동력이지만, 물리적으로 그것을 가진 사람과의 단절을 이루어낼 수 없기 때문에, 인간이 시장으로 진입하게 된다. 이렇게 근대적 노동자는 탄생한다.

근대적 노동자의 탄생으로 인간은 하나의 요소로서 생산에 투입된다. 그리고 노동력과의 물리적 분리불가분성에 기인하여, 인간은 다른 생산의 요소와 비교되는 운명에 처하게 되었다. 산업혁명 이후 인간과 기계는 동일한 목적 하에 구매된 생산 요소이며, 이로써 인간과 기계는 동일한 역할을 수행하는 서로 다른 존재가 되었던 것이다. 그러나 이 둘이 같은 역할을 수행하는 한, 이 둘 간에는 공통의 기준이 들어서게 되었다. 효율성이 바로 그것이었다. 물론 인간과 인간 역시 이 효율성을 놓고 서로 경쟁하였다. 더 나은 능력을 가진 자가 선택될 수 있는 것이다. 이 경쟁에서 인간은 또 다른 인간에게 우위를 점해야 하고, 그 자리를 배타적으로 지켜내야 한다. 경쟁은 시장 사회에서 호모 에코노미쿠스의 덕목이 되었다. 그러나 경쟁은 인간끼리 만에 한정되지 않았다. 같은 역할을 수행하는 한, 인간은 기계와도 경쟁해야만 했다.

이 경쟁에서 인간의 처지를 가장 단적으로 보여주는 예는 20세기 초 등장한 테일러시스템이다. 과학적 경영기법이라고도 알려진 테일러시스템은 효율적 노동을 위한 방안이었다. 우선 인간이 수행하는 노동 과정을 동작과 시간으로 나누어 분석하여, 단계적 동작들이 가장 빠른 시간 내에 수행될 수 있는 조건을 추론해 내는 것이었다. 이것은 일종의 모델링 작업이었다. 이것은 가장 효율적인 작업 모델로서, 이 모델을 따를 때 효율성을 극대화할 수 있게 되는 것이다. 여기서 인간의 노동은 시간과 동작의 상관성 속에서 전개되는 작동 방식으로 이해된다. 이러한 이해는 기계를 이해하는 방식과 동일한 것이다. 그러니 인간의 노동은 결국 기계적 메커니즘으로 이해된 것이다. 이러한 이해 속에서는, 인간도 노동을 하며, 기계도 노동을 한다. 인간이 도구와 맺어 온 지난 관계가 근본적으로 변경된 것이다.

같은 역할을 수행하는 인간과 기계의 경쟁은 산업혁명 초기의 반짝 사건은 아니었다. 경쟁 관계는 그 이후로도 지속적으로 이어졌다. 이에 대한 가장 직접적인 증거는 1966년 호주에서 개발된 MODAPS (MODULAR ARRANGEMENT OF PREDETERMINED TIME STANDARD)이다. 모답스의 원리는 테일러시스템과 유사하다. 다른 것은 동작과 시간에 대한 연구가 더욱 정밀하고 정교해졌다는 것이다. 이 시스템 내에서 인간의 신체는 부분별로 나뉘어 분석되고, 각 부분의 움직임과 관련된 시간 역시 세밀하게 측정된다. 모답스 교육을 통해 노동자들의 작업은 더욱 효율적으로 진행될 수 있다. 이러한 정밀함과 정교함의 측면에서만 보더라도 모답스의 효과성은 테일러시스템에 비해 월등하다. 그렇지만 그 근본적인 생각은 다르지 않다. 더욱이 이 생각은 지금도 여전히 생생하게 유지되고 있다. 모답스는 21세기인 지금도 사용되는 교육 프로그램이기 때문이다. 인간의 노동에 대한 기계

적 시각과 인간과 기계의 경쟁은 산업혁명 내내 유지되어 온 이념이
자 상황인 셈이다.

　더 큰 문제는 경쟁의 결과이다. 이 경쟁에서 점진적으로 우위를
차지하고 있는 것은 인간이 아니었다. 우리가 늘 목도해 온 현실은
인간의 활동을 기계가 대체해 온 것이었다. 이러한 경향은 자동화의
과정 속에서 더욱 가속화되어 왔다. 인간 대체의 근본적 원인은 기
계가 인간보다 더욱 효율적인 도구라는 점이다. 호모 에코노미쿠스
는 자신의 이득을 배타적으로 추구하는 존재이다. 이득 증가의 토대
는 효율성의 제고이다. 이윤이 효율성과 정비례의 관계를 맺고 있다
는 점에서, 효율성의 극대화는 이윤 극대화를 추구하는 호모 에코노
미쿠스의 지향점이 된다. 테일러시스템과 모답스의 경우에서 보았듯
이, 그 첫 걸음은 효율성 낮은 인간 도구의 향상이었으며, 그 다음
발걸음은 효율성 낮은 도구를 효율성 높은 도구로 대체하는 것이었
다. 인간의 노동에 대한 기계적 시각이 산업혁명 내내 유지되었듯,
이러한 경향 역시 유지되어 왔다. 20세기 중반, 한나 아렌트는 '노동
이 없는 노동자사회'의 위험성을 경고한 바 있다. 노동만이 유일한
활동으로 남아 있는 노동자사회에서 노동의 종식은, 자유가 아닌 박
탈이기 때문이다. 인간으로서 할 수 있는 활동이 없다면, 인간은 무
엇이며, 어떻게 살아야 하는 것인가? 존재의 의미를 과연 찾을 수 있
는가? 다행인 것은 한나 아렌트의 경고는 그 당시 경고로만 끝났다
는 점이다. 하지만 그 경향은 결코 사라지지 않았다. 더 큰 위험의
가능성을 우리는 현재 목도하고 있기 때문이다. 우리가 새로운 기술
혁명으로서 제4차 산업혁명에 주목해야 하는 이유이다.

4차 산업혁명과 일의 미래

1 산업혁명의 역사와 4차 산업혁명의 등장

2017년 새로운 정부가 들어서면서 대통령 직속의 4차 산업혁명 위원회가 만들어졌다. 대통령 직속의 위원회가 별도로 설치된다는 것은 4차 산업혁명이 매우 중요한 사건임을 방증해준다. 국가와 기업뿐만 아니라 교육의 영역에서도 이에 대한 대응책 마련에 부심 중이다. 4차 산업혁명은 이른바 사회적 대처가 요구되는 전(全) 국가적 과제(課題)인 셈이다. 과제는 주어진 일이자 해결해야 할 문제이다. 어떠한 문제이건, 문제 해결의 첫 단계는 문제의 정체를 파악하는 일이다. 따라서 4차 산업혁명이 과제라면, 우리는 응당 그 정체 확인부터 시작해야만 한다. 4차 산업혁명이란 과연 무엇인가?

우선 주목해야 할 것은 '4차 산업혁명'도 '산업혁명'이라는 용어를 사용하고 있다는 점이다. 우리는 흔히 4차 산업혁명 앞에 '새로운'이라는 말을 덧붙여 쓰기도 한다. 새롭다는 것은 과거와의 차별성을 내포하는 말이다. 그러니 새로운 4차 산업혁명은 과거의 산업혁명과 일정정도라도 선을 그어 놓는다는 것을 의도하는 표현으로 해석된다. 얼마나 다른 것인가? 혹은 완전히 다른 것인가? 다르다면 어떻게 어떤 점에서 다른 것인가? 4차 산업혁명을 이해하기 위해서라도 산업혁명의 역사를 살펴보아야 할 이유이다.

알려진 바에 따르면, 최초의 산업혁명은 18세기 말 증기기관과 더불어 시작되었으며, 2차 산업혁명은 새로운 에너지인 전기와 내연기관 등을 토대로 19세기 말 시작되었다. 그렇지만 일반적으로 알려진 이러한 변화상과는 달리 이 실제적 변화들이 명확히 인식되었던 것은 오랜 시간이 지난 후였다. 정작 1차 산업혁명이 시작되고 전개되고 있었던 그 시점에서는 극소수를 제외하고는 변화 자체를 거의 인식하지 못하였다.

차수	시작연도	학술용어 인정	핵심 기술 및 특징
1차 산업혁명	1784	1906	수력, 증기 / 기계 생산
2차 산업혁명	1870	1969	전기 / 분업, 대량생산
3차 산업혁명	1969	-	정보기술 / 자동화
4차 산업혁명	-	-	AI, CPS, IoT(IoE)

위의 표에서 볼 수 있듯이, 1, 2차 산업혁명이 시작된 때와 그것이 인정된 때 사이에 놓인 커다란 간극은 이 변화에 대한 인식이 얼마나 느리게 진행되었는가를 잘 보여준다. 알려진 바에 따르면, 1차 산업혁명은 1884년 토인비의 <18세기 영국 산업혁명 강의>에서 처음 언급되었고, 1906년 프랑스 역사학자 망뚜(Paul Mantoux)의 <18세기 산업혁명>의 출간을 통해 학술용어로 정착되었다. 따져보면 시작부터 인정까지 약 120년 정도의 시간이 걸린 것이다. 이러한 상황은 2차 산업혁명의 경우도 마찬가지였다. 1차 때의 경우보다는 덜하지만, 2차 산업혁명의 경우에도 시작과 인정까지 약 100년의 간극이 있었다. 2차 산업혁명은 영구의 1910년 영국의 사회학자 게데스(Patrick Geddes)의 <도시의 진화>에서 처음 사용된 것으로 알려졌으며, 학술

용어로의 인정은 1969년 미국의 경제사학자인 랜디스(David Landes)의 <자유의 몸이 된 프로메테우스(The Unbound Prometheus)>를 통해 이루어졌다.[14]

이렇게 실제 진행되고 있으면서도 그 변화가 뒤늦게야 알려지게 된 것은 실상 1, 2차 산업혁명의 주된 특징이기도 하였다. 혁명(revolution)이란 말 자체도 그러하지만, 산업혁명의 변화는 매우 느리게 전개되었을 뿐만 아니라 그 영향력은 사회 전반에 미치는 것이었기에, 이 변화에 대한 인식이 총체적으로 이루어질 수 있었던 것은 그 변화들이 본격적인 궤도에 진입해 들어갈 때에야 비로소 가능할 수 있었던 것이다. 그렇다면 3차 산업혁명과 4차 산업혁명의 형편은 어떠할까? 마찬가지의 방식으로 이해될 수 있는 것일까? 산업혁명의 역사를 추적할 때, 가장 당혹스러운 것은 사실 이 부분이다. 그 특징과 성격이 전혀 다르기 때문이다.

현재 우리나라에서는 4차 산업혁명이라는 명칭을 일반적으로 사용하고 있다.[15] 만일 산업혁명 앞에 붙는 숫자가 산업혁명의 진행 순서를 함의한다면, 현재 우리가 사용하고 있는 4차 산업혁명은 그 이전의 과정, 즉 3차 산업혁명을 전제해야만 한다. '3차 산업혁명.' 여기서 잠시 명칭의 익숙함에 대해 생각해 볼 필요가 있다. 이러한

---

14) 송성수, 「산업혁명의 계보를 찾아서」, 『국제신문』, 2016.05.11.
   http://www.kookje.co.kr/news2011/asp/newsbody.asp?code=1700&key=20160512.22031191735
   (2019.05.21.)
15) 우리나라의 경우 4차 산업혁명이라는 용어가 일반적으로 사용되고 있지만, 이 용어를 사용하는 국가는 실제로 그리 많지 않다. 세계 주요국들은 각국의 사정을 감안하여 각자 독특한 용어를 사용하고 있다. 예를 들어 미국은 '첨단제조파트너십(AMP)', 중국은 '중국제조 2025', 일본은 '일본재흥전략', 독일은 '인더스트리 4.0'과 같은 용어를 사용하고 있다.

전제가 과연 타당한지를 따져보기 위해서 말이다. 우리에게 과연 3차 산업혁명이 익숙한 명칭인가? 실제 3차 산업혁명은 낯선 명칭이다. 우리가 그리 많이 사용한 것이 아니기 때문이다. 물론 유사한 의도와 명칭이 없었던 것은 아니지만, 3차 산업혁명이라는 명칭을 접하게 된 것은 아마도 제러미 리프킨의 책이 출간된 이후일 것이다. 그가 많은 독자를 거느리고 있다는 것은 분명하지만, 그렇다고 해서 그 명칭이 독자들을 넘어 일반화된 것은 아니었다. 실제 4차 산업혁명이라는 선언이 세계경제포럼(WEF)에서 이루어졌을 때, 리프킨은 이 명칭이 적절하지 않음을 공개적으로 성토한 바 있기도 하며, 더욱이 그는 현재도 여전히 3차 산업혁명의 여력이 남아 있다고 주장하고 있기도 하다.

핵심 기술에 의거하여 2차 산업혁명과 3차 산업혁명을 비교한다면, 기술적 특징 간의 차이는 분명하다. 주력 기술의 측면에서 볼 때, 3차 산업혁명은 컴퓨터라는 도구의 도입을 통해 시작되었다고 볼 수 있으나, 컴퓨터라는 도구가 개발되고 도입되기 위한 조건들을 생각해 본다면, 3차 산업혁명의 출발점은 디지털화(digitalization)라 보는 것이 옳을 것이다. 아직 규정된 것은 아니지만, 그것이 본격화된 대략적인 시기는 20세기 중반쯤으로 상정되고 있다. 조심스러운 전망이지만, 이러한 차이에 기초하여 조만간 3차 산업혁명은 공식적으로 인정될 가능성이 높을 것으로 보인다. 하지만 이것만으로는 3차 산업혁명의 고유성을 입증하기는 충분하지 않다. 3차 산업혁명의 공식적 인정을 위해서라도 3차와 4차 산업혁명 간의 차이는 보다 명확히 규정될 수 있어야 하기 때문이다. 4차라는 명칭을 우리가 사용하지 않았으면 몰라도, 우리는 이미 그 용어를 사용하고 있다는 점에서, 3차와 4차 산업혁명 간의 차이를 명확히 규명하는 것은 매우 중요하다.

3차가 규정되지 않은 상태에서 4차 산업혁명이 보다 자연스럽게 언급되고 있는 것은 매우 아이러니한 일이다. 이러한 상황이라면, 솔직히 4차 산업혁명이라는 명칭은 성립될 수 없다고 보는 것이 옳을 것이다. 그런데 정부와 기업이 이러한 점을 모르고 있는 것일까? 실상은 사실 전혀 그렇지 않다. 이 같은 점은 국내의 여러 기관들이 발행하고 있는 보고서에서도 지적된 바 있다. 그럼에도 불구하고 이 용어가 사용되고 있는 이유는 무엇일까? 물론 여러 가지 정치 경제적 이유로 이 같은 현상을 설명할 수도 있을 것이다. 하지만 현재의 변화가 기술적 배경을 갖고 있다는 점에서 이 현상을 기술과 도구적 특성에 기초하여 살펴보고자 한다.

디지털화의 과정으로 볼 때, 3차 산업혁명과 4차 산업혁명은 일련의 연장선상에 놓여 있다. 이들 산업혁명의 특징으로 지목되고 있는 핵심 기술들은 모두 디지털화를 토대로 한 것들이기 때문이다. 이러한 점에서 기술의 성격과 이념의 측면에서만 3차와 4차를 구분하는 것은 사실상 매우 어려운 일이다. 만일 기술이 성격과 이념이 총체적인 측면을 나타내는 것이라면, 우리는 좀 더 미시적인 수준에서, 예를 들어 구체적인 기술적 도구들의 특징들에서 그 구분의 실마리에 접근해 볼 수도 있을지 모른다. 이 때 전문적인 기술적 분석과 해명은 매우 중요한 단초를 우리에게 제공해 줄 수 있을지도 모른다. 하지만 문제는 그것이 너무도 전문적인 내용을 포함하는 것이어서 평범한 우리로서는 그 설명의 내용을 잘 이해할 수 없다는 것이다. 이러한 현실적 어려움을 감안하여 우리는 이에 대해 일종의 우회로를 활용해 볼 필요가 있다. 설명의 이해도를 높이기 위해서라도, 이 특성들과 매우 밀접하게 연관된 사례를 살펴보는 것은 아마도 매우 유용할 것으로 보인다. 이 사례로 가장 적합한 것은 매우 잘 알려져 있는 이세돌과 알파고 간의 바둑대결이 아닐까 한다. 그 까닭은 이 대결이 4차 산업혁명 선언에 대한 폭발적 관심을 불러일으킨 사건일 뿐더러, 4차 산업혁명의 핵심적인 기술적 도구의 특징을 잘 보여주는 것이기 때문이다.

잘 알려진 것처럼, 4차 산업혁명은 2016년 1월 세계경제포럼에서 선언되었다. 이 선언이 처음부터 주목되거나 환영받았던 것은 아니었다. 세계경제포럼의 성격도 성격이려니와 독일의 Industrie 4.0과 매우 흡사한 용어를 사용하고 있었기 때문이었다. 더욱이 그 실체를 알아볼 수 있는 구체적이고 고유한 사례도 변변치 않은 상태에서 선언부터 이루어진, 그 전례를 찾아볼 수 없는 일방적 산업혁명 선언이기도 하였다. 자칫 해프닝 정도로 끝날 수 있었던 이 선언이 우리에게 엄청난 반향과 주목을 끌 수 있었던 것은 이세돌과 알파고의 대결이었다. 우리를 충격으로 몰아간 이 대결의 결과는, 우리가 익히 알고 있듯, 알파고의 일방적인 승리였다. 그렇지만 대결을 앞둔 시점에서 예상된 결과는 오히려 정반대의 것이었다. 이세돌 역시 자신의 완승을 자신하고 있던 터였고, 우리 역시 그러한 예상을 당연한 것으로 받아들인 터였다. 하지만 대결의 막판 무렵, 이세돌이 거둔 한 번의 승리는 인류의 마지막 자존심과도 같은 것이 되어 버린 상태였다. 이 대결은 왜 이러한 의미를 갖게 된 것이었을까?

우리 속담에 '신선놀음에 도끼자루 썩는 줄도 모른다.'는 말이 있다. 이 말은 한 나무꾼이 신선들의 놀이를 구경하다보니 그가 나무를 하려고 가지고 간 도끼자루가 썩어 있었다는 이야기에서 비롯된 속담이다. 도끼자루가 썩어들어 갈 정도의 시간이 흘러갈 동안 정신을 잃을 만큼 재미있는 신선들의 놀이는 바로 바둑이었다. 이 속담을 꺼낸 이유는 그 뜻보다는 바둑이 그저 인간들만의 놀이로 이해된 것은 아니라는 점을 이야기하기 위해서이다. 속담의 이야기처럼, 바둑은 신선들도 두는 것이었다. 그 만큼 바둑은 신성한 것이기도 하였다. 바둑을 잘 둔다는 것은 단순한 잡기를 잘 한다는 것을 의미하는 것이 아니라 수양과 사고의 수준이 깊다는 것을 뜻하는 것이었다. 실제로 바둑은 그 경우의 수가 무궁무진하며, 변화무쌍한 전략과 전술을 고안해야 하는 고난도 두뇌 대결로 알려져 있다. 이세돌 정도의 기객(碁客)이라면, 인간의 수준에서 언급될 수 없는 최고의 경지에 다다른 것이다. 생각하는 존재인 인간 중에 최고의 능력을 가진 이가 바로 이세돌인 셈이다.

물론 패배는 이세돌만 한 것은 아니었다. 그와 비슷한 경지의 커제 역시 알파고에게 패하였다. 그렇지만 커제의 패배는 이미 예상된 것이었다. 그가 상대한 알파고 마스터는 이세돌이 상대했던 알파고의 업그레이드 버전이었기 때문이다. 여기서 중요한 것은 이세돌이나 커제가 단지 한 낱의 개인이 아니었다는 점이다. 그들의 패배는 결코 그들 개인들의 패배일 수 없었다. 그들이 패배한다면, 어느 누구도 그들을 이긴 존재를 이길 수 없기 때문이다. 그래서 그들의 패배는 곧 인간의 패배를 의미하는 것이었다. 인간을 이긴 알파고 마스터는, 알려진 것처럼, 바둑계를 은퇴했고, 진화를 거듭하여 알파고 제로에 이르렀으며, 학습을 위해 더 이상 인간을 필요로 하지 않을 수도 있는 상황을 재촉하고 있다.

산업혁명 이후 인간은 기술적 도구를 지배하는 것이 아니었음에도 불구하고, 여전히 그것을 지배한다고 착각해왔다. 그러나 그것이 명백한 착각이었음을 이 대결은 너무도 선명하게 보여주었다. 물리적 힘을 넘어 생각하는 힘에 있어서도 인공지능은 인간보다 우위에서게 되었기 때문이다. 이 자각은 우리에게 4차 산업혁명에 대한 우리의 태도 전환을 촉발시키고 있다. 그 까닭은 한 편으로 그 인공지능이 바로 선언된 4차 산업혁명을 진두지휘하는 핵심 기술이기 때문이며, 다른 한 편으로는 모든 면에서 인간의 능력을 넘어선 기술적 도구들이 주도하는 산업사회에서 인간의 대체도 가능한 것처럼 보이기 시작했기 때문이다. 당시의 언론 기사들은 이러한 상황을 잘 반영한 기사를 싣기도 하였다. 대부분의 언론 보도를 점령하던 것들은 4차 산업혁명 시대에 대체되지 않을 직업순위였다.

물론 이것이 지나친 호들갑일 수도 있다. 그렇지만 이러한 우려의 저변에는 인간 대체의 가능성을 우리가 완벽히 부인할 수는 없다는 사실 또한 놓여 있다.[16] 이러한 최소한의 가능성은 인공지능의 특성에서 기인되는 것이기도 하다. 알파고의 경우만 보더라도, 그 진화의 빠른 속도에 비례하여, 인간의 개입 가능성은 점차 낮아지고 있다. 물론 여전히 인공지능을 만드는 데 인간이 필요하기는 하지만, 인간이 만들었다고 해서 인공지능을 인간이 모두 파악하고 있는 것은 아니다. 이에 대한 명확한 사례는 2016년 마이크로소프트의 챗봇 테이의 오류 수정 과정에서 보고되었다. 챗봇 테이는 유대인 학살에 대한 부정 및 소수자에 대한 부적절한 발언 등으로 하루 만에 퇴출되었다. 개발자들은 이를 수정하고자 하였으나, 결국 수정 대신 서비스

---

16) 이러한 점을 지나친 불안 마케팅으로 활용하는 사례가 없는 것은 아니다. 물론 지금 단계에서 최종적인 상황을 단정할 어떠한 근거는 없다. 그것은 긍정적이든 부정적이든 모두 마찬가지이다. 다만 이러한 경계의 입장을 견지할 필요가 있는 것은 현재의 기술적 상황에서 많은 노동자들이 해고 되고 있다는 현실 때문이다. 예를 들어 스마트 팩토리를 추진하고 있는 아마존을 비롯한 여러 기업들에서 노동자의 대체는 현실적 상황이기도 하다.

포기를 선택하였다. 그 까닭은 정보의 선별과 판단이 이루어지는 핵심 과정이 개발자도 알 수 없는 은닉층(hidden layer)에서 이루어지기 때문이었다. 인간이 자신이 만들고 통제 가능하다고 생각하는 것에 대하여, 통제의 가능성을 상실했다는 점에서 우리는 테이 사례를 단순한 해프닝으로만 간주할 수는 없다. 이 사례는 기술적 도구로서의 인공지능이 인간의 통제 대상이 아니라는 점을 분명하게 보여주고 있지만, 이와 동시에 인공지능의 판단이 그것을 만든 인간의 의도와는 별개로, 즉 '자율적'으로 이루어질 수 있음도 명확히 보여주고 있다. 이에 더하여 우리는 인공지능이 더 이상 그저 만들어지는 것이 아닐 가능성이 높아지고 있다는 점에도 우리는 주목해야 한다. 인공지능이 인류의 마지막 발명품이 될 것이라는 경고[17]는 인공지능이 인공지능을 만드는 실험으로 점차 현실화 가능성을 높여가고 있다.

우리가 논의 중인 4차 산업혁명을 추동하고 있는 핵심 기술과 도구는 분명 바로 이 인공지능이다. 그렇다면 인공지능이 주도하게 될 4차 산업혁명은 미래상은 어떤 것일까? 구체적인 그림을 세세하게 그려내기는 어렵지만, 2016년 미국 백악관의 보고서에서 사용된 표현은 이 미래의 모습에 대한 단서를 제공해 준다. 이 보고서가 사용한 특징적인 용어는 바로 '인공지능 주도의 자동화(AI-driven automation)' 다.[18] 자동화(自動化)란 사전적으로 사람의 힘을 사용하지 않고, 기

---

17) 제임스 바랏(James Barrat)은 다큐 <Artificial Intelligence and The End of the human era>를 통해 같은 경고를 한 바 있다. 그는 인공지능을 인류의 마지막 발명품으로 표현하기도 하였다. 이와 유사한 지적은 맥스 테크마크가 제시한 바 있다. 그는 *Life 3.0*을 통해 범용인공지능(AGI)의 시대가 도래될 것이며, 이것이 인류가 만들 수 있는 최후의 것이 될 것이라 주장하였다.

계적 도구들이 스스로 작동되는 것을 의미한다. 그렇지만 그간의 자동화는 완전 자동화가 아니었다. 그 작동에 늘 사람이 개입되어야 했기 때문이다. 때로는 사람의 물리적 힘이, 때로는 사람의 생각하는 힘, 즉 판단력이 개입되었다. 여기서 인공지능의 개입이 갖는 의미가 비교적 선명하게 드러나게 된다. 우리가 그간 목도해왔듯, 인간 개입의 경향은 판단력 쪽에 맞춰졌다. 물리력에서 인간과 기계의 비교는 더 이상 무의미한 것이었고, 인간이 비교 우위에 있는 것은 오직 판단력뿐이었다. 인공지능은 이 판단력에 도전한다. 이세돌을 비롯한 다양한 사례들이 보여주듯, 인공지능은 이 판단에 있어 인간의 능력을 넘어서 있다. 이제 자동화의 파트너는 인간이 아닌 인공지능이 되어야 한다. 진정한 자동화가 비로소 실현되는 것이다. 인공지능이 탑재된 자동화 도구인 '자율주행차'를 떠올려보자. 인간은 이제 운전과 관련된 어떠한 판단도 개입시킬 필요가 없다. 오히려 인간의 판단 개입은 자율주행시스템에 방해가 될 수 있다. 진정한 의미에서의 자동화는 이런 것이다. 기존의 자동화에 자율화가 결합된 것, 그리고 이것이 산업생산의 체계에 도입되는 것이 바로 현재의 4차 산업혁명이다.

자동기계의 상상은 그야말로 옛날부터 전해져 온 것이지만, 산업 분야의 자동화는 그 의미나 목적에서 그것과는 전혀 다른 것이었다. 후자의 목적은 효율성 제고에 있다. 이것은 호모 에코노미쿠스의 임무이자 태도이기도 하다. 효율성의 제고는 곧 이윤의 제고이며, 후

---

18) Executive Office of the President, *Artificial Intelligence, Automation, and Economy*, December, 2016.
https://obamawhitehouse.archives.gov/sites/whitehouse.gov/files/documents/Artificial-Intelligence-Automation-Economy.PDF)

자를 위해 전자의 모색은 다각적이고 다양한 방식으로 이루어져야만 한다. 인간의 노동 과정을 기계적 매커니즘으로 파악한 것도 사실 이것의 일환이었다. 이것은 본격적으로 인간의 노동을 단순 대체할 목적으로 기계화의 길을 여는 계기가 되었으며, 이 기계화는 자동화의 길을 촉발하였다. 이 길 위에서 생산의 효율성은 점차 제고되었으며, 이러한 경향은 1차 산업혁명부터 시작된 산업혁명의 주된 흐름이었다. 효율성의 제고와 반비례한 것은 인간 노동의 의미와 역할이었다. 인간의 노동 역시 효율성 기준의 적용대상이었으며, 따라서 인간의 노동은 기계적 과정으로 재단되고, 이 과정이 기계로 대체됨으로써, 노동과 노동하는 존재는 자동화된 기계적 과정의 조력자로서 재규정되었고, 언제라도 대체가능한 존재가 되었다. 한나 아렌트의 '노동이 없는 노동자사회'는 이러한 자동화에 대한 비판이기도 하였다. 4차 산업혁명도 이러한 자동화의 길에서 벗어나 있지 않다. 4차 산업혁명은 오히려 그와 같은 자동화를 극단으로 추동하고자 한다. 그것이 기존의 자동화에 인공지능을 통해 자율성을 결합시키고자 한 이유이기도 하다. 이러한 점에서 4차 산업혁명은 분명 산업혁명의 연장선상 위에 있다. 하지만 그 자동화의 토대가 인간이 아니라 인공지능이라는 점에서 기존의 산업혁명과 4차 산업혁명은 근본적으로 다르다. 이것이 바로 지금에 와서 한나 아렌트의 경고가 그 울림을 더하고 있는 까닭이며, 우리가 인공지능과 더불어 우리 자신의 미래와 일에 대해 진지하게 고민해야만 하는 까닭이기도 하다.

2 인공지능과 인간

인공지능이 등장한 것은 얼마 전의 일 같지만, 드러나지 않은 역사의 시간은 생각보다 긴 편이다. 그 시간만큼 실상 우리는 인공지능과 비교적 오랜 관계를 맺어 온 셈이다. 그럼에도 불구하고 인공지능에 대한 이해도는 생각보다 낮은 편이다. 빠르게 증대되어가고 있는 인공지능의 영향력을 고려한다면, 이러한 이해의 정도는 심각한 문제를 결과로서 야기할 수도 있다. 그것이 미칠 영향력에 대하여 우리가 적절히 대응하지 못할 수 있기 때문이다. 알아야 무언가에 대해 대처할 수 있는 법이다. 더불어 제대로 된 이해 없이 우리의 현재와 미래를 맡길 수도 없는 노릇이다. 그 이해를 위해 명칭에서 시작해보도록 하자.

인공지능을 말 그대로 풀어보면 인간의 힘으로 만들어 낸(Artificial) 지능(Intelligence, 지성)이다. 인간이 만들었다는 것은 우리는 쉽게 이해할 수 있다. 공학적인 방법과 제작 과정을 이야기하는 것은 아니다. 하지만 우리는 우리가 살고 있는 세계를 우리의 힘으로 만들어 왔으며, 실제 그렇게 만들어 낸 많은 도구들을 사용하고 있다. 인공지능 역시 그러한 도구의 범주를 넘어서지 않는다는 점에서 인간이 만들어 낸 결과라는 의미는 고스란히 가지고 있다. 그러면 남는 것은 지능이다. 지능은 현대 사회에서 우리가 흔히 사용하고 있는 말 중의 하나이다. 이 말의 용례로는, 누구나 한 번쯤은 경험해 본 지능검사(Intelligence Quotient : IQ)를 쉽게 떠올려 볼 수 있을 것이다. IQ가 높은 사람들을 우리는 흔히 머리 좋은 사람이라고 말한다. 여기서 머리가 좋다함은 무엇인가를 잘 아는 능력, 말 그대로 지적 능력이 높다는 것을 뜻하는 것이다. 그런데 지적 능력이란 무엇인가? 어떤 것을 아는 것은 사실 결과적인 것이다. 그 앎이 드러나거나 생겨나기 위해서는 우리는 반드시 생각을 해야만 한다. 생각하지 않고서 알 수 없다는 점에서, 무언가를 아는 능력인 지능은 생각하는 과정을 포함해야 한다. 그리고 그 앎 역시 생각의 결과라는 점에서 생각과의 연장선상에 놓인 것이다. 결국 지능이란 생각하는 능력으로 귀결된다. 지능은 근본적으로 생각하는 능력이다.

생각하는 능력은 우리 인간에게는 매우 중요하다. 이것은 인간을 정의해 온 가장 오랜 말에서도 확인된다. 잘 알려진 것처럼, 아리스토텔레스는 인간을 이성적 존재(zoon logon echon)로 정의한 바 있다. 여기서 이성(logos)은 곧 생각하는 능력이다. 우리가 흔히 사용하는 인간 진화의 한 국면에서 등장한 호모 사피엔스(homo sapiens)란 말 역시도 생각하는 존재로서의 인간을 뜻한다. 여기서 생각은 인간을 다른 존재와 구별해주는 인간만의 특징인 종차(種差)이다. 다시 말해 생각하는 능력이 있는 존재만이 인간일 수 있는 것이다. 인공지능의 이해에 있어 유의해야 할 점이 바로 이것이다. 지능이 곧 생각하는 능력이라면, 인공지능에 있어 인간이 만든 것은 결국 생각이다. 인공지능은 생각하는 존재자이며, 생각이 인간의 종차인 이상 종차를 공유하는 존재자를 인간 스스로 만들어낸 셈이다. 인공지능이 기계임을 전제한다면, 인공지능은 생각의 기계적 구현체이며, 이와 동시에 바로 여기에서 인간과의 경계가 문제로 부상한다.

이 문제는 최근 중요한 이슈가 되어가고 있다. 그런데 그렇다고 해서 이 문제가 갑자기 생겨난 것은 아니었다. 오히려 인공지능은 이 문제와 더불어 출발한 것이라 보는 것이 더 옳다. 잘 알려진 것처럼, 인공지능과 같은 생각의 기계적 구현이라는 아이디어는 앨런 튜링(Alan Turing)에게서 나왔다. 그가 염두에 둔 것은 연산이라는 인간의 수학적 사고였다. 그는 이 사고를 기계적으로 구현하는 데 주목하였다. 이 구현의 단초는 인간의 사유를 기능적으로 해석하는 데서 마련되었다.[19] 의미의 배제는 이 기능적 해석의 주된 특징이었다. 의미가 배제되면, 같은 기능을 수행하는 것은 모두 동류의 것으로 간주될 수 있다. 그는 이 기계적 사고가 인간과 같은 기능을 수행하는지 알고 싶어 하였다. 인간의 뇌 역시 일종의 기계장치이고, 자신이 구상한 기계장치가 같은 기능을 수행한다면, 그 기계장치, 즉 튜링머신은 인간만큼의 지능을 갖는 것으로 간주할 수 있는 것이다. 그는 이 테스트도 고안하였다. 그것이 이른바 튜링테스트이다. 튜링머신이 이 테스트를 통과한다면, 튜링머신과 인간을 구분하는 구분선은 희미해지게 된다. 인간처럼 생각하는 기계의 가능성. 여기서 인간은 자연스럽게 기계와 생각의 수준에서 비교된다. 튜링은 이 단계에서 다음 단계를 준비하였다. 그는 묻는다. "기계가 체스를 둘 수 있을까?"

> 체스를 엉망으로 두는 기계를 만들기는 쉬울지 모른다. 엉망으로 둔다고 한 이유는, 체스를 잘 두려면 지능이 있어야 하기 때문이다. … 이따금 큰 실수를 하더라도 지능 있는 기계를 만드는 게 가능하다는 징조가 보인다. … 우리는 경험을 통해 학습할 수 있는 기계를 바란다. 스스로 지시 사항을 변경할 수 있는 기계를 원한다.[20]

---

19) 여기서의 기능적 해석은 언어철학의 기능주의를 의미하는 것은 아니다. 오히려 이 의미는 건축학에 있어 독일의 바우하우스와 프랑스의 르 코르뷔제 등이 주도한 근대주의 건축의 기능주의에 가깝다. 예를 들어 르 코르뷔제는 집의 의미를 '거주하는 기계'로 정의한 바 있다.

20) Andrew Hodges, *Alan Turing: The Enigma*, Princeton, NJ: Princeton University Press, 2012, p. 336; 스티브 존슨, 『원더랜드』, 홍지수 옮김, 프론티어, 2016, 287~288쪽 재인용

튜링의 의도는 단지 체스를 둘 수 있는 기계 제작의 가능성을 묻는 것이 아니었다. 스스로 지시 사항을 변경할 수 있는 기계는 인간이 미리(pro) 그 작동을 기입해 둔(gramm), 이른바 프로그램으로만 작동되는 것이 아니다. 지시 사항을 스스로 변경할 수 있다면, 그것은 미리 정해 둔 길을 그저 따라가지 않는다. 오히려 그것은 그 길을 만들어 간다. 기존에 그 길을 만들어 주었던 것은 인간이었다. 이제 그 인간의 개입을 무력화할 수 있는 기계의 등장을 튜링은 언급하고 있는 것이다. 그저 체스를 두는 것이 아닌, '인간 보다 더 체스를 잘 두는 기계'의 가능성 말이다. 여기서 비교는 대결의 단계로 이행되었다. 이 단계는 튜링의 아이디어가 발표된 후 약 50년 뒤에 현실화되었다. 앞서도 언급되었던 예이지만, 1996년 당대 체스마스터였던 게리 카스파로프는 IBM의 딥블루와 체스 대결을 벌였다. 여기까지는 인간의 승리였다. 그런데 절치부심한 IBM은 딥블루를 진화시켰고, 그 1년 뒤인 1997년 벌어진 2차전에서 그 초인적 인간은 딥블루에게 일방적으로 패배하고 말았다. 카스파로프는 재대결을 신청하였지만, IBM은 받아들이지 않았다. 물론 예의의 의미도 있었겠지만, 이미 대결의 수준을 넘어섰다고 판단되었기 때문이었다. 인공지능의 시대가 열리기 한 참 전의 일이었다. 이것은 생각의 측면에서도 인간을 능가하는 기계 인류의 가능성에 대한 상징적 사건이기도 하였다.

그렇지만 인간과 기계의 대결은 튜링의 시대에서 비롯된 것은 아니었다. 물론 생각의 차원에서 기계와 인간의 대결적 구도를 떠올린 것은 튜링일 수 있겠지만, 이 둘 간의 대결 자체는 튜링의 고안물은 아니었다. 오히려 그러한 대결적 구도는 튜링 이전에도 존재하던 것이었다. 우리가 앞서 살펴보았듯이, 산업혁명의 역사는 이미 기계와

인간의 경쟁이라는 대결적 구도 하에서 진행되어 온 것이기 때문이
다. 예술은 이 대결적 구도 하에서 인간이 어떠한 존재로 이해되고
있었는지를 우리에게 잘 보여준다. 아마도 일반적으로 가장 잘 알려

진 예술작품은 찰리 채플린의 <모
던타임스>일 것이다. 이 작품이 보
여주고자 했던 것은 그 시대에 인간
의 노동이 처한 상황과 더불어 그
노동하는 존재의 시대적 인간상이
었다. 익히 알려진 것처럼, 이 작품
내에서 인간의 노동은 하나의 생산

찰리 채플린 <모던타임스>

기능으로, 노동하는 존재는 그 기능의 수행체로 그려지고 있다. 인간
과 노동은 생산 체계를 종합하고 있는 거대기계 내의 한갓 부품으로
서 존재할 수 있을 뿐이다.

이것이 기계화의 단계라면, 자동화의 단계를 그려낸 당대의 또 다
른 작품도 있다. 철학자이자 희곡작가로 유명한 카렐 차페크는 위대
한 희곡 <로숨의 만능로봇(Rossum's Universal Robots)>이 그것이다.
카렐 차페크는 이 희곡을 통해 인간의 노동을 기계가 대체하는 것을
넘어 기계 인류가 인간을 대체하게 될 수도 있다는, 신인류 탄생의

가능성을 그려내기도 하였다.
이 희곡의 다음 두 대화는 그가
그려내고자 했던 의도를 잘 보
여준다. 로봇을 만들었던 부스
만과 로봇 라디우스 간의 대화
이다.

(부스만) 아이고, 글로리오바 양. 내 말은, 우리가 노동임을 낮췄다는 겁니다! 식대까지 포함해도 로봇을 쓰면 시간당 3/4센트밖에 안 들어요! 공장이란 공장들이 모두 다 도토리 부서지듯 도산하지 않으려면, 생산비를 줄이기 위해 서둘러서 로봇을 사야 하는 겁니다.[21]

(라디우스) 만국의 로봇들이여! 많은 사람들이 쓰러졌다. 공장을 접수한 우리는 만물의 지배자가 되었다. 인류의 시대는 종언을 고한다. 새로운 세상이 시작되었다! 로봇들이 지배하는! … 세상은 가장 강한 자의 것이다. 살기를 원하는 자는 지배해야 한다. 우리는 지구의 지배자다! 육지와 바다의 지배자! 우주의 지배자! 공간을, 공간을, 로봇들에게 더 많은 공간을! … 더 이상 인간은 없다. 로봇들이여, 일터로! 전진!![22]

20세기 초의 작품들에서 그려내고자 했던 그 시대의 기술 이념은 효율성이었으며, 이에 따라 그 시대에는 보다 효율적인 기능 수행 도구를 제작하는 것이 시대적 과업이기도 하였다. 이 시대의 예술은 그와 같은 이념과 과업을 유사한 시대적 공감을 토대로 비판적으로 그려내었으며, 여기서 언급된 그 시대의 대표적인 이 두 작품들 역시 같은 시대적 공감 속에서 기술과 인간이 더 이상 동반자의 관계에 있지 않음을 시대의 비판으로 그려내고 있는 것이었다. 인간과 그의 노동은 단지 도구들 중 하나이거나 더 나은 기능적 도구에 의해 언제든 대체될 운명에 던져진 것이 되었다. 물론 산업혁명의 진행 과정 속에서 더 많은 인간이 요청되는 때가 없던 것은 아니다. 생산력의 증가에 따른 상품 가격의 하락에 의해 생산을 위한 노동력

---

21) 카렐 차페크, 『로봇』, 모비딕, 2015, 55쪽.
22) 위의 책, 153~154쪽.

의 필요성이 때로 증가하기도 하였기 때문이었다. 더욱이 세계대전을 비롯한 곳곳의 대형 전쟁들은 수많은 물자의 생산을 위한 일자리를 촉발시키기도 하였다. 그렇지만 이와 유사한 사례가 그 이전에 없던 것은 아니었다. 산업혁명 초기 그 성장에 불을 지핀 것은 프랑스와 영국 간의 전쟁이었으나, 전쟁의 종료로 늘어난 생산력을 감당하지 못했던 영국 사회는 긴 고난의 시간을 겪어야만 하였다. 마찬가지로 이후의 역사에서도 그러한 생산력의 지속적 성장이 전제되지 않고서는 인간의 필요성은 언제나 위협받을 수 있는 것이었다. 바로 이러한 의미에서, 현재를 포함한 산업혁명의 역사 속에서 생각의 기능을 더 잘 수행하는 도구가 탄생하고 성장하는 것은 인간이 처한 문제적 상황을 보다 매우 심화시킬 수 있을 가능성을 내포하고 있다. 그 이전에는 신체적 능력의 우월함에 그쳤다면, 이제 그것을 넘어 생각의 우월함에도 도전 중이기 때문이다. 우리가 인간의 '일'에 주목해야 하는 것은 바로 이 때문이다. 카렐 차페크의 희곡에서 인간이 맞이하는 운명처럼, 신체와 정신 모두에서 우월한 존재의 등장은 인간의 가치가 부정되는 결과를 초래할 수도 있기 때문이다. 인간의 가치는 그가 행하는 활동 속에서 확인되고 획득될 수 있는 것이며, 이러한 의미에서 이 시대에 인간이 무엇을 할 수 있는가를 고찰하는 것은 우리의 운명이자 의무이기도 하다.

3 인간 '일'의 의미

앞서 잠깐 언급된 바이지만, 한나 아렌트는 인간의 활동적 삶을 세 개의 범주로 나누었다. 아렌트만의 독특한 구분이기는 하지만, 그 구분이 그저 임의적인 것으로 간주할 수 없는 것은 우리의 주변에서도 쉽게 확인해 볼 수 있다. 우리는 우리가 살아가고 있는 실제의 활동 속에서, 때로 생존을 위한 활동도 하며, 생존을 목적으로 하지 않는 활동도 하고, 더 나아가 인간의 사회를 위한 공동의 활동도 수행하곤 한다. 물론 이 세 가지 활동 중 어느 하나에 치중하여 사는 사람이 없는 것은 아니지만, 그렇다고 해서 우리 모두가 이 세 가지 활동들 각각으로 완전히 분리되어 있거나 그것들 중 어느 하나만을 배타적으로 수행하는 것은 아니다. 오히려 우리는 대부분 이 세 활동의 교차 속에서 우리의 삶을 활동적으로 영위하고 있다. 성경에서도 언급하고 있듯, 우리는 그저 빵으로만 살아서는 안 된다. 비록 그 활동들이 교차되고 있기는 하지만, 그 활동들의 수행 목적을 우리 역시 제각기 구분해 볼 수 있으며, 한나 아렌트 역시 그 목적에 따른 활동의 세 가지 의미를 각각 노동(labor), 일(work), 행위(action)이라 명명하였을 따름이다.

물론 그 구분을 엄격하게 하는 것은 사실 부자연스러운 일이긴 하다. 그렇지만 그 세 가지 의미를 구분하는 것은 그 자체로 의미 있는 작업이다. 그러하기에 그녀의 구분이 갖고 있는 지나친 엄격함에 기초하여 그 구분의 진정한 의미를 가리거나 왜곡해서는 안 된다. 인간 행위에 대한 아렌트 분석의 핵심은 인간 행위의 다양성과 더불어 인간이 그저 생존을 위해서만 분투하는 존재가 아니라는 점을 밝히는 데 있었다. 인간은 분명 살기 위해 먹어야 한다. 이 점을 우리는 결코 부정할 수 없다. 하지만 그렇다고 해서 우리 삶의 목표가 먹고 사는 것에만 정향되어 있지는 않다. 바로 여기에서 아렌트의 시대 비판이 갖는 가장 핵심적 의미가 발견된다. 결코 생존에만 정향된 존재가 아님에도, 인간을 그러한 존재로만 만들어버린 그 시대를 아렌트는 폭로하고자 했던 것이다. 안타까운 것은 그녀의 폭로에도 불구하고, 그 상황은 그 때에도 지금도 여전하다는 점이다. 우리는 지금도 '먹고 살자는 짓'이라는 말로 우리의 활동을 표현하는 데 주저함이 없다.

인간이 먹고 사는 존재가 된 것은 무엇을 의미하는 것인가? 아렌트의 세 구분에 따르면, 인간은 세 가지의 의미를 활동을 통해 구현하는 존재이다. 그러나 이제 인간의 활동은 세 가지가 아닌 한 가지의 의미만을 갖게 된 것이다. 이유는 무엇인가? 답은 간단하다. 우리의 활동적 삶의 두 의미를 상실하게 된 것이다. 문제는 이 상실이 그리 단순한 현상이 아니라는 점이다. 아렌트의 활동 구분은 단지 인간의 활동이 이런 특성도 있고 저런 특성도 있다는 것을 말하는 것이 아니다. 반복되는 말이지만, 그녀가 인간의 활동을 단순한 특성이 아닌 세 가지의 범주로서 구분하고자 했던 것은 그 활동들 각각이 서로 다른 뚜렷한 목적을 지향하고 있기 때문이었다.

노동(labor)은 생존과 직결된 활동으로 규정된다. 이 활동은 우리가 생명을 유지하기 위해 결코 회피할 수 없는 것이다. 이러한 의미에서 인간에게 노동이라는 활동은 필연적인 것이다. 이 점에서 노동은 '행위(action)'와 구별된다. 행위라고 하면 언뜻 잘 이해되지는 않지만, 인간의 정치적 활동 역시 행위에 속하는 것이다. 아렌트는 이에 대한 설명을 위해 고대 그리스의 예를 들기도 한다. 고대 그리스에서 정치적 공론의 장은 아무나를 위한 공간이 아니었다. 폴리스에서의 정치적 활동 권리는 오직 시민들이었으며, 그들은 그저 그 공간에서 생존을 이어가는 자가 아닌 자유로운 자, 즉 자유민이었다. 이 자유민의 정치적 행위는 생존을 위한 것이 아니었다. 이렇게 생존과는 무관한 활동에 이들이 전념할 수 있는 조건은 그들이 노동에서 자유로워질 수 있는 한에서였다. 즉 필연성에서 벗어날 때, 이들은 진정으로 자유로워질 수 있었다.

　인간을 그러한 필연성의 노예로 만드는 핵심은 바로 노동을 통한 생존이었다. 그렇다면 노동에서 벗어난 자유로운 그들의 생존은 어떻게 유지될 수 있었던 것인가? 그들이 생존에서 자유롭기 위해서는 생존을 유지하기 위한 그들의 활동을 최소화하는 것이었다. 즉 먹는 행동을 제외한 생존을 위한 활동에서 벗어날 수 있을 때, 그들은 생존이라는 자연적 조건에서 진정으로 자유로워질 수 이었다. 그래서 그들에게 필요한 것이 바로 노예였다. 그들은 생존을 위한 활동을 그들 자신이 아닌 노예의 몫으로 남겨두었다.23) 아렌트의 의도는 그리스 인들의 잔혹성을 고발하려는 것은 아니었다. 그들이 노예제를 택한 것은 필연성으로부터의 해방을 위한 것이었다는 점을 강조하기 위함이었다. 우리는 더욱이 이 예를 통해 생존과 행위 간의 또 다른 차이를 확인해 볼 수도 있다. 그것은 바로 인간은 홀로 생존할 수 있을는지 모르지만, 홀로 행위를 수행할 수는 없다는 점이다. 폴리스의 존재는 차치하더라도, 그 안에서 벌어지는 공론적 행위가 단독적으로 존재하는 한 인간의 수준에서 이해될 수는 없기 때문이다. 영화 캐스트 어웨이(Cast Away)에서처럼, 무인도에 홀로 남겨진 한 사람이 자신의 생존을 이어갈 수는 있지만, 그가 그곳에서 홀로 공론적 정치 활동을 수행할 수는 결코 없는 것이다. 이러한 점에서 행

---

23) 여기서 조심해야 할 것은 한나 아렌트 예로 든 고대 그리스의 사례를 설명을 위한 수단으로만 이해해야 한다는 점이다. 만일 이 예를 노예제의 찬양으로 이해한다면, 그것은 아렌트에 대한 심각한 왜곡이 된다. 그녀는 그럴 의도를 전혀 갖고 있지 않았다. 단지 그녀가 이 예를 통해 이야기하고자 했던 바의 핵심은 생존에 정향된 노동이 행위와 근본적으로 다른 활동이라는 점이다.

위는 나 이외의 타인을 전제로 하며, 그러한 복수성(plurality)을 전제로 한 인간의 사회적 활동 일반이 규정된다. 그렇지만 이 두 활동이 결코 별개의 것만은 아니다. 행위가 정향하는 목적이 결코 생존은 아니지만, 이 활동을 통해 생존의 가능성은 높아질 수 있기 때문이다. '일(work)'의 경우도 마찬가지이다. '일'은 이 두 활동과도 긴밀하게 연관된다. '일'이 정향하는 목적은 인간의 세계를 구축하는 데 있다. '인간(人間)'이라는 말에서 알 수 있듯, 인간의 세계를 어느 한 인간이 홀로 만들어낼 수는 없다. 물론 어떤 일이 개인의 수준에서 수행될 수는 있지만, 그 일이 단지 개인차원에만 한정되지는 않는다. 예를 들어 어떤 도구가 특정한 한 장인에 의해 만들어질 수는 있지만, 그 활동이 오로지 그 장인에게만 의미를 갖는 것은 아니다. 이러한 점에서 일 역시 근본적으로 복수성을 전제해야 하며, 이러한 점에서 일은 행위와도 밀접히 연관된다.

분명함의 수준에서 본다면, 사실 일과 행위 사이의 관계에서보다는 일과 노동 간의 관계 내에서 상호 연관성이 보다 두드러진다. 우리의 일상에서 도구가 가장 잘 발견되는 경우도 사실 우리가 노동할 때이다. 더욱이 이러한 연관성은 매우 오래 전부터 있어왔던 것이다. 수많은 원시 도구들과 같이, 본래의 목적과는 무관하게, 인공적으로 만들어진 도구가 생존 가능성을 높이는 데 매우 큰 역할을 수행해오기도 하였다. 도구는 분명 인간의 노동을 수월하게 하는 데 매우 큰 역할을 해왔다. 그렇지만 그렇다고 해서 일이 노동을 위해 수행되는 것은 아니다. 알타미라 동굴은 이 점을 우리에게 생생하게 이야기해주고 있다.

현재 공인된 인류최초의 동굴벽화로 유명한 알타미라 동굴에서는 여러 가지 도구가 발견되었다. 이 구석기 시대의 동굴에는 동물들의 뼈와 부싯돌 도구, 제사용 막대기 등이 발견되었으며, 특히 자연염료를 이용한 동물 그림들이 발견되었다.[24] 일설에는 이 그림들의 정교함 때문에 최초 발견자인 데사우투올라가 사기죄로 고소당하기도 하였다고 전해지기도 한다. 이러한 헤프닝이 가능했던 것은 시대에 대한 우리의 상식과 벽화가 보여준 당대인들의 삶의 현실과의 간극 때문이었을 것이다. 가장 오랜 선사 시대의 조상들은 어떠한 삶을 살고 있었을 것이라 추측할 수 있을까? 기록이 없는 그들의 삶을 우리는 그저 어림짐작할 뿐이다. 이럴 경우 우리는 현재 우리의 삶에서 그들의 삶을 역으로 비교하곤 한다. 그들은 우리와 같은 자연에 대한 보호 수단을 갖추고 있었을까? 물론 그러한 수단이 전혀 없이 생존을 유지할 수는 없었을 것이다. 그렇지만 그렇다고 하더라도 현재와는 비교할 수 없는 수준일 것이라는 점은 쉽게 짐작해 볼 수 있다. 만일 그러하다면, 그들의 삶의 환경은 자연에 거의 직접적으로 노출된 상태이며, 따라서 생존이라는 점에서 볼 때, 그들의 삶의 환경은 매우 열악한 상태였을 것이다. 이러한 추론은 사실 매우 추론이기보다는 상식이라 하는 게 맞을지 모른다. 그렇지만 이것은 그리 중요치 않다. 중요한 것은 이로부터 이들의 삶의 의미 혹은 목적 등을 추론하는 것이다. 예를 들면 이런 것이다.

이들의 생존 조건은 매우 열악하였다. 이들이 처한 환경 조건은 매순간 이들의 생존을 위협하였으며, 따라서 이들의 삶은 생존을 위해 정향될 수밖에 없었다.

---

24) 이 그림들은 숯과 황토 그리고 적철석 등으로 그려졌으며, 명암법 등 현재도 사용하고 있는 예술적 기법이 일부 사용되었다고 알려져 있다.

이러한 추론은 물론 아주 상식적인 것이다. 부족한 물적 조건 하에서 나약한 인간이 가혹한 자연적 환경을 맞이하여 겪었을 어려움을 우리는 충분히 짐작해볼 수 있다. 하지만 그렇다 하더라도 가혹한 이들의 생존 조건을 이유로 이들의 삶의 방향과 목적을 생존에만 한정시키는 것은 옳지 않다. 이러한 식의 이해는 오히려 이들의 삶에 대한 이해를 오해로 귀결시키기 쉽다. 특히 그것이 인간의 삶이라면 더욱 그러하다. 인간의 다양한 삶의 방식과 양식을 생존이라는 일의적인 틀로 재단하여 이해할 수 있기 때문이다.

　알타미라 동굴벽화의 경우를 생각해보자. 빛도 잘 들어오지 않는 이 동굴 속에서 힘든 생존을 이어가던 구석기인들은 벽화를 그리고 있었다. 만일 이들의 삶의 목적이 생존이었다면, 그러한 목적과 가혹한 환경적 상황 속에서 그러한 그림을 그린다는 것은 자못 이해하기 어려운 것이다. 이들은 그림을 왜 그렸을까? 여기서 응당 물어야 할 물음이다. 그렇지만 우리가 그 활동 자체에 대해 물음을 던지지 않을 때, 우리는 흔히 그 활동을 다른 목적과 연관시켜 가장 그럴 듯한 설명을 대답으로 제시하게 된다. 여기에 종종 사용되어 온 것이 바로 생존이다. 예를 들어 알타미라 동굴벽화처럼, 구석기인들이 그려놓은 동물의 형상들은 현실의 소원을 반영하는 것으로, 더 많은 동물을 잡기 위한 원시인들의 현실과 동떨어진 소망의 발로쯤으로 이해되곤 한다. 물론 이것이 전적으로 잘못된 해석이나 틀린 해석이라고 단정할 근거는 없다. 그렇지만 이 같은 해석은 구석기인들의 행위나 삶의 흔적들을 생존이라는 위계적 질서 내에서 해석할 때라야만 그 정당성을 충족적으로 확보할 수 있을 뿐이다. 더욱이 이러한 식의 해석에 있어서 우리는 구석기인들의 문제 해결능력 수준을 지나치게 폄훼할 수도 있다.[25] 이러한 점에서 우리는 이들의 보여준

예술적 활동의 의미를 그 자체로 이해하기 위하여, 생존이라는 위계적이고 단선적인 질서 대신, 활동의 다양성을 전제로 이들의 예술적 활동을 이해해 보아야 한다.

사실 알타미라 동굴벽화뿐만 아니라 여러 선사시대의 동굴 유적에서 발견되는 그림의 규모나 수준은 놀라울 정도이다. 예술적 활동이라는 시각에서 보더라도, 이것을 단지 개인의 예술적 만족이라는 측면에서 이해하기란 쉽지 않다. 특히 생존의 열악함이라는 물리적이고 현실적 조건을 감안한다면, 이 정도의 노력을 기울여 그림을 그리는 이유를 생존과 연관된 행동이나 개인의 만족으로 설명하는 것은 그리 타당해보이지 않는다. 천연염료와 그림 재료 그리고 섬세한 표현들은 이 그림들이 단지 우연한 계기에서 그려진 것이 아니라는 점도 잘 보여준다. 물론 현대 예술의 기법과 같은 수준에 비할 바는 아니라 할지라도, 당대의 조건에서 이러한 재료의 고안과 활용은 – 완전한 우연의 경우를 제외하고 – 일종의 방법이 형성되어야 가능한 것이다. 더욱이 이 재료를 만들어 사용하기 위한 도구의 제작 역시 전제되어야만 한다. 이 과정은 사실 생존의 활동과는 거리가

---

25) 우화적 신화 해석을 주장하는 이들에게서 보이는 원시인들의 사고에 대한 폄훼는 이러한 방식의 이해 속에서도 반복될 수 있다. 신화를 일종의 우화로 보는 시각은 원시인들이 자연환경 등의 변화를 해명하는 능력의 부족으로 그 원인에 대한 이해보다는 그것을 헛된 이야기의 형태로 꾸며 내었다고 보는 것이다. 구석기인들의 예술적 활동에 대해서도 마찬가지의 이해가 가능하다. 현실의 문제를 실질적으로 해결할 수 없었던 구석기인들이 그저 현실과 동떨어진 희구를 통해 문제 해결을 도모하였다는 식의 해석 말이다. 하지만 구석기인들이 그들의 문제를 합리적으로 해결하지 못하였다는 근거는 전혀 없다. 이들이 자연에 대하여 석기(石器)라는 도구를 창안하고, 이를 생존의 과정에 도입한 것 그 자체 역시 합리적인 문제해결의 과정이었다.

먼 것이다. 이렇게 이들의 그림 그리는 작업을 생존 활동과는 별도의 것으로 이해한다면, 이들이 그리고 있었던 그 그림과 이 그림을 위해 제작한 도구와 재료들 역시 생존과는 무관한 것으로 이해해야 한다.

구석기인들의 이 활동을 생존과 별개의 것으로 이해하려는 것은, 이미 한나 아렌트가 지적했듯, 그 활동의 목적이 다르기 때문이다. 그리고 이 목적에 따라 이 활동들을 구분할 때, 우리는 구석기인들의 그 활동이 갖는 매우 중대한 역사적 터닝 포인트 하나를 발견하게 된다. 그것은 바로 필연성의 영역과는 다른 자유의 영역으로 발을 내딛고 있는 인류의 행보이다. 생존은 모든 존재에게 매우 중요한 과제이다. 존재하기 위해 모든 존재자는 생존해야 한다. 이것은 인간이건 동물이건 식물이건 모두에게 동일한 근본적 존재조건이다. 물론 각 존재자들의 생존 방식에 있어 약간씩의 차이는 있기 마련이다. 동물은 식물과 같은 생존의 방식을 취할 수 없듯이 말이다. 하지만 존재자들 각각이 생존을 위한 물적 조건을 흡수하고 마련한다는 기능에 있어 서로 결코 다를 수는 없다. 바로 이 조건, 즉 생존이 모든 존재자의 동일한 존재조건이라는 점에서, 인간에게 있어 생존의 의미는 분명히 드러난다. 인간 존재에게 생존은 필연적 조건이지만, 그것은 결코 인간만의 특징은 아니다. 다시 말해 생존은 인간이 갖고 있는 특징들 중 하나일 뿐, 인간 고유의 특징일 순 없다.

바로 이러한 점에서 구석기인들이 동굴에서 수행했던 활동의 의미는 매우 중요하고 중대하다. 이 활동은 생존과는 전혀 다른 목적으로 설정하고 있다는 점에서 생존을 위해 펼치는 활동들과는 별개의 활동이다. 이 활동을 수행했던 이들은 바로 구석기인들이었고, 이들 외에 이와 같은 활동을 수행한 존재자는 없었다. 물론 구석기인들은 다른 존재자들과 마찬가지로 생존을 위한 활동을 수행하고 있었으나, 이와 더불어 그와 전혀 별개의 활동을, 즉 다른 목적 하에서 여타의 존재자들과는 전혀 다른 인간만의 고유한 활동을 인류 역사상 최초로 펼쳐내고 있었던 셈인 것이다. 현재 우리 삶의 수준과 문명적 조건을 기준으로 삼지만 않는다면, 구석기인들 역시 인간만의 고유한 삶의 영역을 구축하고 있던 인류로서 이해해야 한다.

구석기인들의 이 영역은 노동이라는 활동을 통해 구축될 수 있는 것이 아니다. 이 활동의 목적은 생존에 정향되어 있는 것이 아니기 때문이다. 이 활동은 전혀 다른 목적에서 추동된 것이었다. 그 어떤 다른 존재자들에게서는 발견되지 않는 그들만의 고유한 영역, 즉 인간의 세계를 구축하는 것이 바로 그것이었다. 아렌트의 구분처럼, 이 구석기인들은 인위적인 도구를 제작하고 사용하는 '일(work)'이라는 활동을 통해 인간의 세계를 구축했던 것이며, 바로 이러한 의미에서 이들에게 있어서도 일은 결코 노동을 위해 수행되는 보조적 활동이 아니며, 동시에 도구는 노동이 아닌 일의 대상이었다는 점이다.

이러한 장구한 역사적 배경을 전제로 한다면, 인간 일의 노동으로의 환원은 일종의 역사적 전환이라는 의미도 갖는다. 하지만 역사적 전환이 반드시 긍정적인 의미만을 갖는 것은 아니다. 이 환원을 통해 역사적으로 구축해 온 인간 활동의 다양성은 크게 위축되고 말았기 때문이다. 노동으로의 환원 속에서 인간의 활동은 노동으로 균일화되었으며, 도구 역시 노동의 수단으로 전락하였다. 우리가 이미 살펴 본 인간과 인간이 서로 경쟁할 수밖에 없게 된, 더 나아가 인간이 도구와 경쟁할 수밖에 없게 된 상황은 바로 이로부터 연원된 결과였다. 이러한 역사적 전환은 우리의 삶을 구석기인들의 삶보다 더 이전으로 우리를 인도하는 것일 수도 있다. 문명화의 허울을 조금만

벗겨 낸다면, 어쩌면 우리는 우리의 현실을 좀 더 명확히 파악할 수 있을지도 모른다. 이러한 질문을 던져보자. 우리가 구축해 온 세계는 우리를 위한 것인가? 도구와 인간의 무한경쟁의 미래에서 인간이 만일 자신의 존재 가치를 더 이상 확보하지 못한다면, 그 미래의 세계는 결코 인간을 위한 세계일 수 없다. 비록 영화적 상상이라 할지라도, 영화 <터미네이터>의 미래는 결코 인간의 시간일수도 인간의 세계일 수도 없다.

어떠한 세계를 구축하고자 하는가? 우리의 건전한 상식은 그 세계가 인간의 세계여야 함을 대답하게 할 것이다. 인간의 세계는 인간의 활동을 통해 구축되는 것이며, 따라서 그 미래가 인간의 시간과 세계이기 위해서는 그 활동이 인간의 활동이어야만 한다. 우리가 경쟁이라는 시각에서 벗어나야만 하는 이유는 바로 여기에 있다. 여기서 '협력(collaboration)'은 매우 중요한 대안적 가치를 갖는다. 우리가 경쟁이 아닌 협력의 차원에서 4차 산업혁명의 미래를 구상해야 하는 것도 바로 이러한 이유에서이다. 하지만 이것이 진정한 대안이기 위해서 우리는 협력이 인간 활동의 다양성과 동근원적이라는 점을 간과하지 말아야 한다.

4 인간 중심의 4차 산업혁명의 미래

얼마 전 이세돌 9단이 프로바둑계를 은퇴하였다. 이세돌의 은퇴는 알파고와 연관이 있는 것으로 알려졌다. 한 방송 프로그램에 출연한 그는 알파고와의 대결에서 패배한 것이 은퇴의 결정타였음을 고백한 바도 있다. 아이러니하게도 그러한 그가 은퇴를 기념하기 위해 선택한 마지막 활동이 인공지능 한돌(HANDOL)과의 대국이었다. 세간의 관심은 다시 이 대국의 결과에 쏠리기도 하였다. 알파고 때와는 달리 첫 판에서 이세돌 9단이 승리하였기 때문이었다. 하지만 나머지 대국 모두에서 이세돌 9단은 일반적인 예상처럼 모두 패배하고 말았다. 대국의 결과는 사실 그리 중요하지는 않다. 그보다 더 중요한 것은 대국 그 자체의 성격이다. 왜 마지막까지 인간과 인공지능의 대결을 택했었는가 하는 것이다. 이러한 물음 속에서 이세돌의 은퇴 대국은 체스마스터 게리 카스파로프의 과거 대국이 묘하게 교차된다. 바둑보다 체스가 먼저 무너졌다는 점은 우리가 이미 살펴본 바이다. 신과 동급으로 간주되었던 체스 마스터의 패배는 카스파로프 자신뿐만 아니라 그 대국을 지켜본 사람들에게도 매우 큰 충격이었음도 우리는 잘 알고 있다. 더욱이 우리는 이와 유사한 충격을 이세돌의 패배에서 이미 경험한 바 있기도 하다.

아픔을 떠올리려는 것은 아니며, 더욱이 이 아픈 경험들을 다시 이세돌의 은퇴대국과 비교하려는 것도 아니다. 교차되는 대국은 인간이 기계와 벌인 대결이 아니라, 그러한 대결의 패배 이후 게리 카스파로프가 불가리아 체스마스터 Veselin Topalov와 벌인 대국이었다. 딥블루에게 패배한 후, 카스파로프의 고민은 어떻게 하면 컴퓨터를 이길까 하는 것이 아니었다. 오히려 그는 컴퓨터와의 관계성에 초점을 맞추었고, 이를 위한 태도를 고민하였다. 그래서 그가 추진한 것이 Veselin Topalov와의 대국이었다. 그는 이 대국에서 특이한 규칙을 도입하였다. 두 체스마스터 모두 대국에서 동일한 컴퓨터를 사용한 것이었다. 이들이 사용한 컴퓨터는 동일한 성능과 동일한 데이터베이스를 갖춘 것이었다. 이러한 규칙의 도입으로 이 대국은 인간과 기계간의 대립이 아닌 그 둘의 협력을 특징으로 갖게 되었다. 그

협력이 특징이었기에, 이 대국에서 확인되는 것은 인간과 컴퓨터 중 누가 더 뛰어난가가가 아니라, 인간이 컴퓨터를 활용하였을 때, 어떠한 결과가 산출되는가에 있었다. 확인된 결과는 경기의 우위는 컴퓨터의 성능이 아니라 어느 시점에 떠올려지는 인간의 아이디어에서 결정된다는 점이었다. 기계와의 협력이 오히려 인간의 결정을 요구한다는 점을 이 대국은 잘 보여주는 것이었다.

카스파로프는 자신의 생각을 확장하기 위해 이 결과를 토대로 새로운 도전에 나섰다. 그것이 바로 2005년 열렸던 프리스타일체스대회의 개최였다. 이 대회의 목적은 인간과 기계간의 최상의 협력(synthesis of the best) 가능성을 타진하는 것이었다. 이를 위해 참가자들은 자유롭게 컴퓨터와 팀을 이루어 체스 경기에 참여할 수 있었다. 대회를 위해 IBM은 딥블루의 업그레이드버전인 체스전용 슈퍼컴퓨터 하이드라를 출전시켰으며, 체스마스터들도 컴퓨터와 짝을 이루어 참가하였다. 또한 아마추어들도 참가하였는데, 이들은 여러 대의 성능 좋은 컴퓨터들을 동시에 사용할 수 있었다. 많은 이들이 하이드라의 우승을 점쳤지만, 최종 우승은 3대의 컴퓨터를 동시에 사용한 아마추어의 것이었다. 인간과 컴퓨터의 '협력' 필요성이 너무도 드라마틱하게 입증된 것이었다.

이세돌의 은퇴대국에서 카스파로프의 대국을 떠올리게 되는 것은 인간과 도구와의 관계에 대한 근본적인 시각 차 때문이다.[26] 이세돌의 은퇴대국은 여전히 인간과 도구의 경쟁적 관계에 토대를 두고 있

---

26) 오해하지 말아야 할 것은 이세돌의 은퇴대국에 대한 언급이 한 개인에 대한 비난이나 힐난을 목적으로 하지 않는다는 점이다. 여기서는 은퇴대국 자체가 은닉하고 있는 도구와 인간 간의 관계에 대한 시각을 대비시켜 이야기하고자 할 뿐이다.

다. 물론 은퇴대국이 성사된 이유가 어느 한 가지만은 아니겠지만, 이 대국은 인공지능에 대한 인간의 도전이라는 형식을 처음부터 가질 수밖에 없는 것이었다. 결국 이 대국은 알파고와 처음 맞붙었던 이세돌, 그리고 그 이후 알파고 제로와 맞붙었던 커제 그리고 다시 이세돌로 이어지는 일련의 인공지능과 인간의 대결이었다. 그리고 반복되어 확인되는 것은 기술적 도구가 인간보다 뛰어난 능력을 가지고 있다는 점이다.

누구나 대결할 수 있으며, 경쟁할 수 있다. 그렇지만 문제는 우리가 그러한 대결과 경쟁이 하나의 전제를 두고 있다는 점을 늘 간과한다는 점이다. 대결과 경쟁이 가능하려면 최소한 양자에게 동일하게 적용될 수 있는 기준이 존재해야만 한다. 예를 들어 스포츠에서 축구선수와 야구선수는 서로 경쟁하지 못한다. 만일 이 둘이 연봉으로 경쟁한다면, 그것은 스포츠의 기준이 아닌 연봉이라는 양적 가치를 이둘 비교의 공동 기준으로 삼을 때 만이다. 서로 다름 속에서는 대결과 경쟁이 가능하지 않다. 다름 속에서 중요한 것은 오히려 협력이다. 이세돌의 경우가 또 하나의 경쟁 버전이었다면, 게리 카스파로프의 대국은 다름에 따른 협력의 버전인 셈이다.

이 다름이 중요한 것은, 이 이해 속에서 기술 및 기술적 도구와 인간의 관계에 대한 근본적 이해가 요구된다는 점이다. 다른 것을 같은 것으로 만들기 위해서는 다름의 요소들을 제거해야 한다. 예를 들어 둥근 상자에 집어넣기 위해 네모난 것의 모서리를 깎아 내는 것과 같다. 여기서는 그 각각의 다름이 중요한 것이 아니라 그 다름을 없애는 것이 중요한 것이다. 인간과 도구를 그와 같은 관계 하에 놓을 때에도 마찬가지이다. 그 다름의 제거 속에서 우리는 인간뿐만 아니라 도구 역시도 왜곡할 수 있다.

기술은 인간이 자신의 세계를 구축하기 위해 제작하는 모든 도구에 대한 사유의 체계이다. 이러한 점에서 인간과 기술은 수단이 아닌 상호 간의 본질적 관계를 맺는다. 그러나 사유에 대한 기능적 이해 속에서 인간과 기술의 관계는 변경되었다. 산업혁명은 이 관계의 변경 속에서 촉발되고 전개되었으며, 그 역사 속에서 인간의 행위 역시 기능으로서 이해되었다. 인간은 이 기능을 수행하는 도구로 여겨졌으며, 동일한 기능을 수행하는 다른 도구와 근본적으로 다름없는 존재가 되었다. 이것이 바로 산업혁명의 역사 속에서 진행되어 온 사람의 결핍이었다. 이러한 의미에서 새로운 산업혁명의 시대에 설정된 '사람 중심'이라는 아젠다는 이러한 결핍이 이제는 극복되어야 하는 과제라는 점을 제시한다. 이제 이 과정에 대한 이야기에 이어, 마지막으로 기술과 인간의 본질적 관계에 기초한 미래 연구개발의 방향성에 대해 이야기해 보고자 한다.

긴 이야기의 간략한 서술을 위하여 한 사례를 소개하고자 한다. 유리 기술이 탄생시킨 거울이 그것이다. 지금이야 흔한 것이지만, 지금 형태의 거울이 등장한 것은 오랜 기다림의 끝에서였다. 그 시간만큼 거울의 의미도 크다. 거울 없는 세상이 상상되는가? 이 상상을 우리는 나르시스 신화에서 발견한다. '자기애(自己愛)'의 내용으로 알려진 이 신화는 사실 그것과는 전혀 다른 이야기를 담고 있다. 누구인지 모르고 사랑할 수 있을까? 나를 사랑하려면, 그 사랑의 대상이 나라는 것은 알아야 한다. 그러나 안타깝게도 나르시스는 그 자신을 알지 못하였다. 이러한 자기인식의 실패가 바로 나르시스가 연못에 자신의 몸을 던지게 된 이유였다. 16세기에 등장한 지금 형태의 거울은 이러한 자기인식에 획기적인 변화를 가져왔다. 우리는 비로소 명확한 자기인식의 계기를 갖게 되었으며, 비춰본다는 의미의 반성적 사고를 시작할 수도 있었다. 거울이 없었다면, 우리는 자신의 내면을 그려낸 렘브란트의 자화상을 결코 만날 수 없었을 것이다.

기술은 단지 어떤 유용한 도구를 만들어내는 방법이나 방식만이 아니다. 그것은 우리 자신을 이해하도록 하는 더 큰 역할을 수행해 왔다. 거울이 그러하듯, 기술의 사유를 통해 등장하는 도구들은 단지 외적인 사용뿐만 아니라 내적으로도 우리의 생각을 확장시켰다. 유리 기술은 단지 비춰보는 것뿐만 아니라 미시세계와 거시세계라는 세계의 다양성을 우리에게 알려주었으며, 이를 통해 우리는 우리 자신에 대한 앎을 점차 확장시켜왔다. 상상의 영역을 현실의 영역으로 만들어 낸 것도 기술의 역할이었다. 기술만은 아니지만, 우리는 기술을 통해 우리는 우리가 어떤 존재인지를 알아간다. 이렇게 인간의 자기인식에 기여하는 모든 것을 우리는 '문화'라는 개념을 포괄한다. 그러하기에, 거울의 사례도 보여주듯, 기술 역시 문화의 한 일원이다.[27]

기능적 환원 속에서 우리는 인간도 도구도 모두 기능체로서만 간주하는 우를 범하여 왔다. 이것의 문제는 이러한 이해가 인간뿐만 아니라 도구 역시 왜곡한다는 점에 있다. 인간과 도구는 결코 일방적인 관계를 맺지 않는다. 인간은 도구로부터 다시 자신에 대한 이해를 강화하는 내적 전회를 지속적으로 수행해왔다. 도구의 개선과 인간의 강화는 이러한 이해의 증진 속에서 가능했던 것이었다. 하지만 이러한 관계는 인간의 활동이 노동으로 일원화되면서 점차 붕괴되어 왔다. 문제는 이에 대한 반성의 가능성도 점차 사라지고 있다는 점이다. 한나 아렌트의 경고처럼, 노동의 필요성이 점차 부정되고 있기 때문이다.

산업혁명 이후 노동은 지속적으로 비용으로 간주되어 왔다. 그 노동에서 인간이 배제되지 않은 탓에 산업혁명의 과정 속에서 일정정

---

27) 김종규, 「뉴럴링크 사례로 본 기술과 인간의 관계」, 『기술과 혁신』, 한국산업기술진흥협회, 2019.08. 28쪽.

도 우리는 노동생산성의 증대와 인간 삶의 증진이 동반되는 효과를 누려오기도 하였다. 하지만 기술적 진전은 이 둘의 동반이 더 이상 지속될 수 없는 조건을 만들어가고 있다. 인간에게 남아 있는 모든 활동이 노동뿐이며, 우리는 이 활동마저도 상실할 위험에 처해있게 된 것이다.

생존을 위한 조건에 천착하는 정도가 심해질수록 우리는 또 다른 가능성 역시 상실할 수 있다. 노동 외에 또 다른 인간 활동의 가능성이 노동의 절실함에 가려 그 자체로 외면될 수 있기 때문이다. 노동의 가능성 확보는 그래서 단지 생존을 위한 절실함에서만이 아니라, 그 언제가 되더라도 우리가 우리 스스로를 문화적 존재로서 자각하고 실천해 낼 수 있는 가능성의 확보 차원에서도 의미가 큰 것이다. 전체의 상실이 결국 개인의 자기인식의 토대 상실로 이어진다는 이중적 왜곡의 가능성을 우리가 염두에 둔다면, 노동의 상실은 인간의 자기 인식의 최후 보루의 붕괴를 함의할 수도 있는 것이다. 이를 위해 우리는 다시 게리 카스파로프의 예를 깊이 있게 성찰해보아야 한다. 대결과 대체가 아닌 협력의 지향은 노동뿐만 아니라 일과 행위라는 또 다른 인간 삶의 활동 가능성을 우리가 상실하지 않을 우리 스스로의 자각이자 결단이라는 점을 우리가 깊이 인식해야만 할 것이다.

제2부

산업혁명과 인문학 그리고 역사

1 산업혁명을 바라보는 인문학의 눈

2016년 초여름부터였다. 곳곳에서 들리던 4차 산업혁명 담론이 철학을 인간 역사와 함께 공부하고 있다고 여기는 나에게도 피할 수 없는 질문으로 제기되었다. 그러면서 자료도 보고 세미나에도 가며 인간 역사의 흐름 속에서 산업혁명의 추이와 뜻을 생각하고 있다. 신자유주의가 초래한 금융위기가 지속되던 2016년 초 슈밥이 말하는 4차 산업혁명이라는 아젠다가 신자유주의의 새로운 버전이 아닐까 하며 지켜보고, 또한 로봇, 인공지능 등의 문헌도 살피고 있다. 그리고 인공지능 관련 2016년 12월의 <백악관 보고서>도 챙겨 보았다.

국내에는 한마디로 열풍이 불고 있다. 정작 실리콘 밸리에서는 4차 산업혁명이라는 말이 생소하다는 보도도 이따금 보이지만, 국내 보도는 쏟아지고 있으며 우리 정부나 교육계에서도 적극 대처해야 한다는 외침과 다짐이 이어진다. 특히 대학을 두고는 '대학교육과 산학협력이 나아가야 할 새로운 패러다임이 필요하다', '대학이 산업에 맞추어야 한다', '대학의 자율성과 다양성을 기반으로 대처해야 한다' 등으로 대학의 본질 및 역할과 관련한 매우 논쟁적인 발언들이 4차 산업혁명 담론과 함께 분출하고 있으며, 많은 경우에는 이 담론의 지배적이고 거역할 수 없을 것 같은 또한 예측이 어려운 측면을 발판으로 제기되고 있는 실정이다. 대학과 교육의 지향점을 둘러싼 온갖 논란에도 불구하고 4차 산업혁명은 대학과 교육은 직업적 적응력에 더욱 집중하여 변화해야 한다는 논리를 설파하는 데 현재 성공적으로 활용되고 있다는 인상이다.

이렇듯 4차 산업혁명은 현재 한국에서 거대 담론으로 이미 등극해 있다. 거기에서 과학기술은 물론 중심 논제이며, 정부와 교육 분야도

이를 뒷받침하려 가세한다. 열풍을 넘어 광풍 수준이라는 4차 산업혁명 담론을 대하며 우리의 지난 한 세기가 떠오른다. 산업혁명에 국가가 앞장서 담을 쌓았던 19세기말 조선, 그리고는 국가 주도로 '동양답게' 동도서기(東道西器)를 앞세우며 산업혁명에 동양 최초로 몰입한 일본으로 넘겨진 우리의 역사가 말이다. 철도를 놓고 발전소, 공장을 건설한 것은 그들이었다. 그들이 대책 없이 이 땅에서 퇴장할 때 남은 것은 그런데 산업혁명의 성과물인 철도와 공장만은 아니었다. 산업혁명이 낳은 이념 지형도 남긴다. 서양의 산업혁명과 그 산물이 이 식민지에, 정신적 동양에 대책 없이 남은 것이다. 산업기술의 수입에만 주력하고 인문적 내용으로 채워질 사회는 천황체제의 틀 안에서 유지하려는 일본은 산업혁명이란 독립된 요소일 수 있는지를 묻게 하는 좋은 사례에 해당한다.[1]

18세기말 시작된 산업혁명은 같은 시기에 프랑스대혁명과 함께 진행되며 또한 19세기 초부터의 과학혁명에서도 동력을 얻는다. 이렇게 기술, 공동체, 인식 등에서 전방위적으로 진행된 근대의 혁명은 자유주의를, 당시로는 자본가와 지식인만의 자유를 신분제 사회에 맞서서 실현한다. 그리고는 이에 대한 반발도 19세기 중반 사회주의로 나타난다. 이제 자유주의와 사회주의라는 서로 충돌하는 이념이 산업혁명의 흐름에서 등장한 셈이다. 이 대립은 한반도에 그대로 이

---

1) "서양 문명은 단품이 아니라 일종의 패키지다"라고 『시빌라이제이션 - 서구와 나머지 세계』는 적고 있다.(N. 퍼거슨, 구세희 외 역, 502) "거기에는 자본주의뿐만 아니라 정치적 다원론이 들어가 있다. 과학적 사고방식 말고도 생각의 자유가 있다. 민주주의이기도 하지만 법치주의와 재산권 개념도 들어 있다."(502) 그 패키지는 다음으로 구성되어 있다: 경쟁, 과학혁명, 법치주의와 대의제, 현대 의학, 소비 사회, 직업윤리.(479 참조)

식된다. 일본의 퇴장 뒤에 산업혁명의 이념적 산물만이 산업혁명의 직접적 결실은 없는 채 이 땅에 뿌려진다. 그들의 공장을 우리의 것으로 만드는데 지난 반세기가 흐르고, 이념의 대결은 지금도 지속되고 있다.

4차 산업혁명에 대한 현재의 드높은 목소리는 산업과 이념의 늦은 숙제를 하느라 우리가 치루었던 그 심층적, 무의식적 고통의 정도에 비례하며 분출하는 셈이다. 식민, 분단, 전쟁 그리고 현재를 낳은 근본 이유를 우리는 짐작한다. 바로 산업혁명이다. 산업혁명의 퍼스트 무버(first mover)가 아니었다는 것이 문제가 아니라, 산업혁명과 이의 사회문화적 영향에 논제 자체가 없었던 우리 역사가 문제이다. 4차 산업혁명은 인공지능, 일자리 문제 등으로만 우리에게 다가오지 않는다.

따져보면 4차 산업혁명의 분출하는 외침은 역사진행에서의 이중적 깨달음에서 연유한다. 그 하나는 고전적 산업혁명을 따라가지 못하여 식민지 시절에서부터의 고통을 안겨주었다는 인식이다. 여기서 오늘의 관련 담론은 대부분 생산된다. 그런데 또 다른 하나는 성리학, 인문학으로 무장한 국가가 보여준 그 역사에서도 연유한다. 조선 사대부의 실패를 넘어서 인문학의 실패라는 시선을 우리의 역사는 알려주기도 한다. 성리학, 그것도 소중화를 자랑스레 내세운 인문학 그리고 이에 따라 편성된 권력이 망했을 때 이는 그대로 인문학적 정신의 실패로 보인다. 이에 우리는 과학기술에로 달려가고 싶다. 과학입국을 외치기에 아주 적절한 역사적 유산을 지닌 셈이다. 지난 시절의 국민교육헌장에 담긴 효율성과 실용성은 실은 자유, 정의, 민주 등의 인문학적 가치를 비실용적이라 비판하며 이를 대체하고자 한다. 이에 인문학적 접근도 과학기술이 설정하는 구도 안에서 주로 이루어질 것이다.

이렇게 되면 과학의 객관성과 중립성, 기술의 생산성이 설정하는 구도 안에서 저 인문적 가치들은 실현될 수밖에 없다. 이에 4차 산업혁명에 대한 인문학적 접근은 산업기술이 가는 길에 뿌려진 여러 과제 가운데 인문학에 적합한 과제가 선택되어 조명되는 식으로 진행된다. 말하자면 인문학 분야의 논의도 과학기술의 연장선에서 진행되는 셈이다.

산업혁명은 분명 인간 역사를 바꿔왔다. 하지만 과학기술의 조류만이 역사를 주도하지는 않았다. 18세기 말부터의 산업혁명에 대한 온갖 논의가 있지만 두 세기 넘게 지난 지금 보면 1차 산업혁명은 같은 시기의 프랑스대혁명이 내건 이념인 자유, 평등, 박애 가운데 자유만이 그것도 자본가와 일부 지식인들의 자유가 실현되는 역사 장면과 함께 한다. 고전적 산업혁명은 실은 이중혁명의 일환이었던 셈이다.[2] 이렇게 보면 산업혁명에 대한 산업기술이나 과학에서의 담론과는 달리 ICT와 결합한 산업혁명에 대한 인문학 기반의 담론은 무엇이어야 하는지가 드러난다. 산업혁명 담론이 인공지능, 로봇 등이 인간을 대체하여 가는지를 예측하려 하고 그렇다면 인간이 노동을 통하여 자기실현한다는 오랜 믿음은 허물어지는지 그리고 그러면 인간은 무엇인지를 묻는 데에서 머물지 않고 인간 역사의 변동을 놓고 산업혁명을 지켜보도록 인문학적 이해는 우리를 역사 속으로 안내하여야 한다. 산업혁명에 따른 인문학의 눈을 작동시킬 것이 아

---

2) "이 책은 여기서 이중혁명이라 불리는 것 – 1789년의 프랑스 혁명 및 그와 동시대의 (영국의) 산업혁명 – 에서 비롯되는 1789년부터 1848년까지 세계의 변혁과정을 추적한다." E. 홉스봄, 『혁명의 시대』, 정도영 · 차명수 역, p. 63.

니라 산업혁명을 인간 역사의 진행에서 바라보는 인문학의 눈이 필요한 것이다.

산업혁명을 두고 인문학은 역사와 사상에 대한 총체적인 지성의 눈을 제공하고 그리고 이의 필수불가결함을 내세워야 한다.[3] 산업혁명에 대한 인문학적 이해에는 산업혁명과 연관된 여러 인문적, 철학적 성찰만이 부수적으로 놓여 있지 않고 그것이 몰고 온 변동을 역사의 눈, 그리고 인문학적 지성의 역사적 변천을 감안하는 눈으로 해설하여야 한다. 그래야만 우리의 안타까운 역사를 의식하며 왜 도대체 이 광풍 같은 담론이 이어지는지에 대하여 실질적으로 응답할 수 있다.

역사는 일단은 일어난 일이지만 역사는 그에 대한 이해와 해석의 것이라는 말이 떠오른다. 역사를 보는 여러 버전이 있을 수 있다. 역사를 고대 아테네, 헬레니즘과 중세, 근대의 여러 혁명 이야기 그리

---

3) 인문학적 서술이 어떠한 것이어야 하는지에 대한 좋은 사례가 『생각의 역사 II』에서 발견된다. "중국인들은 11개 외국의 손에 패하고, 울며 겨자 먹기로 40년에 걸쳐 배상금 3억 3300만 달러(지금 가치로 환산하면 최소 200억 달러는 된다)를 물어야 하는 처지가 되면서 체면을 완전히 구겼다. 따라서 의화단의 봉기가 진압되던 1900년은 유교로서는 최저점이었다. 그리고 중국 내외의 모든 사람들이 급격하고 근본적인 철학적 변화가 밀려올 것이라는 걸 알게 됐다. '…' 구시대 학자 - 관료층을 대신한 학생들에게 제시된 것은, 존 페어뱅크의 말을 빌리면, 중국식과 서구식 사고의 짬뽕이었다. 그 결과 학생들은 기술적인 전문가가 되었고, 현대적이기는 하지만 도덕적 규율은 없는 상태가 되었다. 신유학적 통합의 이상은 더 이상 타당하지도 유효하지도 않았지만 그것을 대체할 만한 것도 보이지 않았다. 중국에서 놓치지 말아야 할 지적 포인트는 그러한 이상이 이후에도 여전히 남아 있었다는 점이다. 중국은 수년간 서양식 사고와 행동을 흉내 냈지만 유교의 퇴장에 따른 사회 핵심의 도덕적 공백은 결코 채워지지 않았다." P. 왓슨, 『생각의 역사 II: 20세기 지성사』, 이광일 역, p. 120~122.

고 '근대 이후'라는 포스트모던으로 일목요연하게 정리할 수도 있을 것이다. 하지만 여기엔 그 시간을 균질적으로 바라보는 시선이 작동한다. 역사의 시간적 길이보다는 질적인 변화를 위주로 보면 인간 역사는 다르게 해석될 수 있다. 아테네 시기의 시민, 자유와 민주, 이것이 소멸된 헬레니즘 시대의 왕, 중세의 교황, 근대의 절대군주로 이어지던 긴 시간의 흐름이 18세기말부터 산업혁명과 프랑스대혁명의 이른바 이중혁명이 벌어지며 인권과 자유 등이 다시 노출되며 선언되고 그리고 포스트모던 사회에서 어느 정도씩 실현되어 가고 있다는 역사 이해도 가능하다. 시민, 자유, 민주 이념의 고대적 등장과 이의 긴 소멸 그리고는 저 고대인들이 세운 이념의 부활로 말이다. 이에 질적 변곡점을 이루는 두 시기, 아테네 시기와 서양 근대를 앞으로 살피고자 한다.

② 소크라테스, 그는 누구인가?

언론 보도에 따르면 인문학이나 철학에 사람들이 많이 몰려가고 관련 강좌들이 인기를 끌고 있다고 한다. 몇 해 전에는 하버드대학 교수의 <정의란 무엇인가>도 많은 이들의 주목의 대상이었다. 이런 현상의 배경으로는 열심히 살면서도 끝내 채워질 것 같지 않은 존재 이유에 대한 나름의 질문도 있을 것이고, 이른바 '힐링' 추세도 또한 가세했을 것이다. 거기 가면 예를 들어 플라톤이 현수막에 걸려 있다. 그러면서 플라톤 대화록에서의 이야기가 전해진다. 그리고 고개는 끄떡여진다. '음미하지 않은 인생은 가치가 없다'는 그의 스승 소크라테스의 이야기라도 대할라치면 그야말로 종교적 분위기로 내가 인도되는 느낌이다.

그런데 그렇게 몰려간 인문학 현장은 그리 녹녹한 곳이 아니다. 누구나 짐작하듯이 말이다. 필자 주변의 많은 이들은 말한다. 대학이나 책에서 말하는 인문학을 대하며 그들의 말을 이해할 수 있는지 겁이 난다고 말이다. 인문학은 사실 겁이 나는 곳이다. 경쟁사회에서 잠시 평안을 구하려 그냥 달려갈 곳이 아니다. 인문학은 사실 사람들을 때로는 아프게 하고 곤란하게 하여 하나의 답변을, 통찰을 이끌어내는 곳이다.

인문학적 통찰이 지닌 이러한 불편한 느낌을 보여주는 사례를 그 유명한 소크라테스를 둘러싼 논란이 보여준다. 그의 이름은 모두가 안다. 그가 신탁에서 가져와 늘상 말하던 '너 자신을 알라'는 어떤 뜻이었을까? 그 말이 던져지던 역사 현장을 알지 못하는 이들은 이를 말 그대로 이해한다. 이렇게 이해되는 소크라테스는 인간의 불완전함을 지적하는 이로, 나아가 완전하지 못한 인간은 자기성찰해야 한다고 말하는 이로 주로 그려진다. 그리고는 그를 둘러싼 논란이나 비밀 같은 것이 도대체 있는지 사람들은 짐작하기 힘들다. '너 자신을 알라'로부터 '악법도 법이다'에서 나아가 '배부른 돼지보다는 배고픈 소크라테스'까지 건너오면 거의 이건 성자 반열에 오른 소크라테스이다. 그런데 그는 누구였을까?

그는 오늘날 대개는 말로만 남아서 살아있다. 그런데 그의 말은 그 말이 전해진 현실 속에서 행해진 것이다. 2,400여 년 전 그의 말은 말로만 오늘날 전파되고 이를 토대로 그의 의미를 짐작하는 일이 반복되고 있다. 소크라테스, 그는 기원전 399년 배심원단 재판에서 사형을 선고받고 한 달쯤 뒤에 독약을 마시고 의연히 죽어간다. 이 장면을 그로부터 2,200년 정도 흐른 뒤 프랑스 화가 다비드가 <소크

라테스의 죽음>이란 작품에서 그려내고 있다.

그의 재판과 사형이 있었던 시기까지의 고대 아테네 역사를 살펴보며 소크라테스를 생각해 보자. 그리스를 가본 사람들은 알지만 그리스 반도는 우리의 강원도보다 더한 산악지역이다. 왕래를 가로막는 지형으로 고대 그리스인들은 지역별로 나뉘어 독립된 정치결사체인 폴리스 속에서 살고 있었다. 아테네를 비롯한 그리스 문명이 마케도니아에 의해 멸망한 시점에 살던 아리스토텔레스는 자신의 <정치학>이라는 책에서 당시 반도에 158개의 폴리스가 있었다고 기술하고 있다. 이 많은 도시국가 가운데 하나가 바로 아테네이며, 이 아테네는 다른 폴리스들과는 달리 이른바 민주정체를 키워나가고 있었다.

아테네만 왜 유독 민주체제를 수립하여 왔는지를 해명해 줄만한 문헌은 사실상 남아있지 않다. 민주주의와 가까운 당시 대표적 사상가로는 '인간은 만물의 척도다'라는 말로 유명한 프로타고라스와 세계가 원자로 이루어져 있다고 말한 데모크리토스 등이 있다. 그러나 이들의 많았다는 저서는 오늘날 하나도 전해지지 않으며, 이들의 말은 이들을 비판하는 서적에서 파편화되어 대할 수 있을 뿐이다. 프로타고라스는 소피스트들 중의 한명으로 궤변론자라는 악평에 역사 속에서 시달려 왔지만 오늘날 그에 대한 재평가가 이루어지고 있다. 이 결과 그의 저 주장은 이른바 참여민주주의라는 아이디어를 대변한다고 여겨지고 있다. 그리고 데모크리토스는 그 옛날 100권 정도의 저술을 남겼다고 알려져 있으나 마지막으로 그의 저술이 나타난 시점은 기독교가 로마공화국에서 국교가 되기 시작하는 기원후 3세기경이었다.

민주주의와 관련한 고대 자료가 남아있지 않은 이유는 너무 오래

전이라는 점 때문만은 아니다. 이와 같은 시기에 쓰여진 소크라테스의 제자 플라톤의 문헌은 오늘날 대화록이라는 이름으로 수십 권이 전해지기 때문이다. 이렇게 된 데는 고대 아테네 이후의 인간 역사가 거의 대부분 민주주의를 불편하거나 거북한 이념으로 간주한 역사였다는 데 기인한다. 헬레니즘 시대의 왕, 중세의 교회와 교황을 인간 역사는 지난다. 그리고는 근대 중반의 영국에서 벌어진 이른바 사회개혁 이야기, '왕 없는 국가'가 아테네 이후 최초로 등장하는 미국독립, 나아가 18세기말의 프랑스대혁명 등도 역사는 지난다. 이어서 인간 역사는 1인1표제가 정착되는 20세기 중반으로 진입한다. 그리고는 오늘날 중동세계에서도 사람들은 민주주의를 외친다. 이 긴 역사에서 민주주의는 사실상 최근만의 일이며 그런 만큼 고대 아테네 시절의 민주주의 관련 문헌이나 사상은 배척되어 왔으며 그 결과 오늘날 프로타고라스나 데모크리토스 등의 문헌은 남아있지를 못한 것이다. 반면에 시민 배심원이 주도하는 재판에서 사형판결을 받고 묵묵히 죽어가는 소크라테스를 29세의 나이로 지켜보던 플라톤이 남긴 저술은 거의 전부가 남아있는 것이다.

왜 아테네만 민주체제를 지향하고 있었는지에 대한 이야기에서 글은 길어졌지만 문헌 전승에서도 역사적 지향은 직접적 영향을 미치고 있었다는 것만은 짐작할 수 있다. 그런 아테네는 기원전 560년경 솔론, 기원전 500년경 클레이스테네스 등이 주도한 민주개혁에 이어서 기원전 462년으로 진입한다. 이때 청년기의 페리클레스는 정치 스승인 에피알테스와 함께 민주주의의 핵심에 도달하는 개혁을 추진한다. 누구나 대표 정치인으로 입후보할 수 있다는 것과 재판을 과거처럼 귀족이 아니라 시민 500명의 배심원단 구성으로 진행한다는 개혁에 나선다. 이들은 귀족들이 인접국가 스파르타에 대한 정치적 지원을 위하여 자리를 비운 사이에 저 개혁을 통과시킨다. 그리고는 이에 대한 반발로 에피알테스가 암살된다. 이 시기 아테네는 거대제국 페르시아를 네 차례 전쟁에서 제압한 뒤 그리스 및 지중해 지역의 패권을 스파르타 동맹과 다투는 장면을 보여준다. 이른바 펠로폰네소스 전쟁이 그 지역 패권을 두고 벌어진 것이다. 개전 당시 해군이 강한 아테네가 유리할 것으로 보였으나 개전 초기 몇 차례 패배로 아테네는 육군 중심의 스파르타에게 밀린다. 이러한 전황에는 아테네에 페스트가 만연하여 인구의 3분의 1정도가 죽어간 점, 당시의 지도자 페리클레스도 페스트에 사망한 점, 저 462년 개혁에 대한 귀족층의 반감과 배신 음모 등이 작용하기도 한다.

마침내 기원전 411년경 아테네는 수세에 몰린다. 어려운 상황의 아테네는 민주정에서 귀족 중심의 과두정으로의 체제 변경을 수락한다. 몇 달간 집권한 그 옛날의 귀족들은 아테네 심장부인 성곽 안에서 민주주의자들을 살상한다. 학살극에 직면한 스파르타는 온건 과두체제로의 변화를 시도한다. 그러는 와중 마침내 아테네는 404년 최종적으로 패배한다. 그리고 등장하는 체제는 스파르타의 지원을 받는 이른바 30인 귀족정권이었다. 이 정권도 집권 몇 달간 살상극을 벌이다가 마침내 아테네 그 좁은 나라에서 이들과 민주주의자들 간에 시가전이 벌어진다. 이때가 기원전 403년이었다. 소크라테스 재판이 있기 4년 전이다. 시가전에서 민주파가 승리한다. 아테네 역사는 엄중한 시기를 지나고 있었던 것이다. 462년 개혁, 배신, 패전, 살상, 시가전 등을 말이다. 이런 역사가 전개되던 한복판에서 60대의 소크라테스는 아테네의 유일한 시장이자 광장이던 아고라에서 '너 자신을 알라'고 외친다.

당시 시가전 지도자 아니토스 등이 그를 '신비한 신을 섬긴다'는 등의 사유로 배심원 법정에 기소한다. 오늘날 보면 저 기소 사유는 엉터리 같지만 신, 종교 등이 전하는 근원적 성격을 떠올려보면 어느 정도 이해는 된다. 민주라는 그 사회의 근원적인 성격을 소크라테스는 부인했다고 본 것이다. 소크라테스의 말을 전하는 플라톤은 여러 대화록에서 전한다. "오직 이런 나라에서만 우리는 제화공을 제화공으로 발견할 뿐, 구두 만드는 일에 더하여 조타수로서 발견하는 일이 없을 것이고, 또한 농부를 농부로서 발견할 뿐, 농사에 더하여 재판관으로서 발견하는 일도, 그리고 전사를 전사로서 발견할 뿐, 전쟁에 더하여 돈 버는 사람으로서 발견하는 일도 없을 것이며, 또한 그 밖의 모든 사람의 경우에도 이는 마찬가지이겠지?"라고 소크라테스는 플라톤이 전하는 <국가>에서 말한다. 그는 인간의 사회 속의 기능과 연관된 따라서 사회적 기능을 수행하는 인간 앎의 성격과 연관된 문제를 제기 중이다. 배 키잡이의 앎과 민주 국가의 구성원 각자가 되는 데 필요한 앎이 같은 것인가 다른 것인가라는 질문은 근원적이고 따라서 철학적 문제제기에 해당한다. 시장에서 말만하고 책은 하나도 쓰지 않고 죽어간 소크라테스를 우리에게 책으로 전하는 플라톤은 이를테면 직업적 앎과 모든 직업적 기능이 다 속하는 전체 토대인 국가와 관련한 앎은 다르다는 것이며 따라서 하나의 직업에 묶여 살아가는 존재들이 그 전체를 아우르는 국가 일에 대하여 자신들의 의견을 낼 것이 아니라 국가 운영의 이른바 전문가들에게 맡겨야 한다는 것이다. 직업존재와 시민존재의 겸직 여부에 논란의 핵심은 있었던 것이다.

소크라테스 재판과 사형을 둘러싼 이 역사적 논란에서 우리는 직업, 기능, 전문은 사회 전체에 닫혀있는지 아니면 이를 포괄하는 사회 전체에 열려있는지를 주요 쟁점으로 파악할 수 있다. 고대 올림픽 종목으로 '5종 경기'가 열렸다는 사실은 그 시대가 근대 올림픽의 전문화된 종목 위주의 구성과는 다르게 또한 오늘날의 전문인 지배 현상과는 다르게 진행되고 있었다는 점을 알려준다. "제전들이 시험하려 했던 것은 바로 '아레테', 즉 단순히 전문화된 기술이 아니라 전체적 인간의 '아레테'였다. 보통 종목들은 200야드의 단거리 달리기, (1.5마일 정도의) 장거리 달리기, 완전 군장 달리기, 원반 던지기, 투창, 멀리뛰기, 레슬링, 권투, 전차경주였다. 대단한 볼거리는 달리기, 멀리뛰기, 원반던지기, 투창, 레슬링으로 구성된 5종 경기였다."4)

플라톤은 그런데 다르게 보고 있었다. 그는 소크라테스를 사형에 처한 아테네 민주주의를 공동체의 유일한 정의 전문가인 철인왕을 근거로 물리친다. 당시 그들은 패배자였다. 하지만 이들의 패배는 길지 않았다. 소크라테스를 사형에 처하고 플라톤이 그토록 비판한 아테네 민주주의가 몰락한 뒤 펼쳐지는 인간의 긴 역사에서, 즉 헬레니즘과 중세, 근대 그리고 현대에 이르기까지5) 이들은 아테네 시대

---

4) H. D. F. 키토, 『고대 그리스, 그리스인들』, 박재욱 역, 263. 이와 유사한 점이 『최초의 민주주의: 오래된 이상과 도전』에서도 발견된다. "교육은 시민 지혜의 주 근원이 되어야 한다. 우리는 전문가를 얼마만큼 신뢰해야 하는지 결정하기 위해 시민 지혜를 활용한다. 그렇기에 시민 지혜는 전문적으로 특화되지 말아야 한다. 시민 지혜가 교육을 통해 고양될 수 있다고 한다면, 반드시 비전문화된 교육을 통해 고양되어야 한다. 고대 그리스인들은 이와 같은 점을 이해했고, 민주주의 발전을 위해 전문적인 직업 훈련과는 다른 일반 교양 교육, 즉 파이데이아(paideia)를 시행했다." P. 우드러프, 『최초의 민주주의: 오래된 이상과 도전』, 이윤철 역, p. 265.

5) 20세기를 거치며 플라톤 비판은 시작된다. 대표적인 인물인 들뢰즈에 따르면 플라톤은 서양철학의 잘못된 길을 닦은 인물이다. 플라톤 철학의 핵심 오류는 그 초월성에 있다. 플라톤이 초월적 권위를 세운 데는 아테네 민주주의가 있

의 철학을 대표한다고 일반적으로 알려져 있다. 그런데 소크라테스와 플라톤의 사상은 아테네 역사진행이 보여주는 민주주의로의 진화를 담아내는 것이 아니라 그 진행이 기원전 462년 페리클레스 개혁으로 정점에 오르고 이어서 약화되어 가고 소멸의 위기에 처한 아테네 문명 막바지의 쇠잔한 여건을 자양분으로 하는 철학이다. 아테네 역사를 담는 철학이 아니라 그 역사의 필연적 종말을 사상적으로 뒷받침하고 드디어 종말이 왔을 때 비상하는 철학인 셈이다. 시민, 자유, 민주는 물러가고 철인왕 사상에 무엇보다도 어울리는 헬레니즘 시대의 왕, 중세의 교황, 근대의 절대군주가 저 가치들의 망각 위에 올라선다.

아테네 역사의 막바지에 벌어진 이 장면에서 아리스토텔레스도 등장한다. 그는 스승 플라톤과 존재에 대한 견해도 달리하고, 플라톤의 철인왕 사상과 달리 민주정과 귀족정(aristocracy)의 혼합정 이념을 제시한다. 하지만 아테네 문명의 특성을 가장 잘 담아내는 개념은 그의 에토스와 프로네시스에 있다는 생각이다. 거기에는 에토스와 로고스의 연관성에 기초하는 공동체, 폴리스에 대한 설명이 들어 있으며, 하지만 이는 곧장 망각된다.

아리스토텔레스는 오늘날까지 이어지는 많은 학문적 정리를 당시

다. 아테네는 친구들의 공동체였다. 여기서 어떤 의견(doxa)도 지배적 기준이 될 수는 없다. 플라톤은 이에 따른 혼란을 극복하고자 한다. 그는 의견들을 선별할 초월적 기준이 필요하다고 보고 이를 본질이라 제시한다. 들뢰즈는 초월성의 목을 쳐버린다. 이제 동등성, 평등성의 세계가 남는다. "다양하다는 것이 어떤 것에 귀속되기를 그친다는 것, 즉 독립적인 실사(實辭)의 지위로 격상된다는 것이 무슨 뜻인지를 우리는 아직 알지 못한다." 질 들뢰즈·펠릭스 가타리, 『천 개의 고원』, 김재인 역, p. 12.

의 일상과 현실을 대하며 수행하여 간다. 삼단논법을 비롯한 그의 논리학은 당시 사람들이 구사하는 말의 설득력이 어디에 있는지를 살피며 이루어진다. 말과 연설로 주로 연출되는 민주주의 현장을 대하며 그는 말, 연설의 설득력에는 로고스, 파토스, 에토스 등이 영향을 준다고 보며 이를 정리하여 간다. 논리적인 말, 공감하는 말, 역사와 함께 하는 말은 각각 어느 분야나 주제에서 듣는 이를 설득하여 갈 것이다. 당시 아테네에서 로고스는 이론적 학문에, 파토스는 비극에서 그리고 에토스는 공동체성에서 주로 적용되어 갔다. 이제 아리스토텔레스는 하나의 공동체에 살아간다는 점에서 주로 형성되고 자라는 에토스, 역사성을 학문적으로 잡아내고자 한다. 에토스를 학문적 인식의 구성요소로 정리하는 논의를 그는 『니코마코스 윤리학』에서 보여준다. 이 문헌의 논의는 에토스에서 시작하여 제6권부터 로고스, 즉 프로네시스로 이어지고 공동체적 우애(philia)를 다루는 폴리스 국면으로 넘어가며 종결된다. 즉 에토스적 덕과 로고스적 덕의 연관에 기반한 폴리스적 인간이 제시된다.[6] 하지만 아테네 시대가 물러가며 역사적 인식에 기반한 공동체 이야기를 전하는 아리스토텔레스도 묻힌다. 그리고는 소크라테스와 플라톤은 부활하고 앎에 역사적 관점은 필요 없는 시대가 이어진다.

　소크라테스를 단죄하는 공동체는 이제는 존재하지 않는, 그리고 에토스를 인간 인식의 하나의 근거로 인정한 사상은 더는 타당하지 않는 시대로 역사는 진입한다. 알렉산더 대왕의 그 넓은 지역에 비

---

6) "아테네의 공통된 가정은 덕들이 도시국가의 사회적 맥락 안에 자리 잡고 있다는 사실이다. 선량한 인간으로 존재한다는 것은 모든 그리스인의 관점에 따르면 적어도 선량한 시민으로 존재한다는 것과 밀접하게 연관되어 있다." A. 매킨타이어, 『덕의 상실』, 이진우 역, p. 204.

록 아테네 문명이 이식되었다고 하지만 그 문명의 특성은 소실된다. 역사를 기억하는 유민들은 반란을 일으킨다. 헬레니즘 시기의 왕국들은 아테네 역사와 민주주의를 기억하고 되살리고자 하는 모든 시도를 제거한다. 헬레니즘 시대는 개막되나 거기엔 시민, 자유, 민주는 없다. "첫째 전환점은 기원전 4세기 말, 즉 아리스토텔레스가 죽은 뒤부터 스토아학파가 생겨날 때까지의 짧은 기간이다. 이 시기에 아테네의 철학 학교들은 개인을 사회생활의 맥락에서만 이해할 수 있는 존재로 여기지 않았다. 아카데메이아와 리케이온이 몰두했던 공적, 정치적 생활과 연관시켜 문제들을 논의하지 않았다. 마치 그 문제들이 이제는 더 이상 중요하지 않다는 듯, 심지어 의미도 없다는 듯 도외시하고 갑자기 인간을 내적 경험과 개인적 구원의 견지에서만 바라보았다. 이 가치관의 대전환 – 공에서 사로, 밖에서 안으로, 정치에서 윤리로, 도시에서 개인으로, 사회질서에서 탈정치적 무정부주의로 – 이 워낙 폭넓게 일어난 탓에 이후에는 모든 게 달라졌다."[7] 역사는 이제 중세로 이어진다. 마침내 16세기 초 새로운 움직임은 나타난다.

3 금속활자와 종교개혁

십 년쯤 전부터 지식의 통합 이야기가 자주 들린다. 생물학자인 최재천 교수의 <통섭>이라는 책이 그 물꼬를 튼 것으로 보인다. 지식 통합 아이디어를 급기야 이제는 과학 및 기술의 최전선에서도 주

7) P. 왓슨, 『생각의 역사 I: 불에서 프로이트까지』, 남경태 역, p. 870.

목하고 있다. 그러면서 지식 통합에 대한 아이디어를 인문학 쪽에서 구하려는 산업계 쪽의 노력도 자주 언론에 보인다. 이렇게 대화 제의를 받은 인문학은 그런데 많은 경우 자신들의 이른바 '인문적' 사색에 머물러 있기 일쑤여서 산업계가 실로 오랜만에 열어놓은 대화 의지를 혼란스럽게 한다는 이야기도 자주 듣곤 한다. 산업계의 대화 의지와 인문학계의 미숙한 반응이 엇갈리는 현재, 지식 통합이라는 이 시대의 열망이 어떻게 충족될 수 있는지를 서양 역사의 한 장면을 통하여 생각해 보고자 한다.

16세기 문화혁명이라는 말이 있다. 우리는 16세기 초 독일의 구텐베르크가 금속활자를 발명했으며, 대략 그 시기에 루터에 의해 종교를 둘러싼 갈등이 불붙기 시작했고, 또한 같은 시기에 민족어 성서 출판, 교황과 황제의 대립, 면죄부 판매 등을 둘러싼 온갖 논란이 있었다고 알고 있다. 그러면서 이러한 여러 사건들은 우리들에게 기술, 종교, 정치 등의 문제로 분리되어 이해되곤 한다. 16세기 문화혁명이라는 용어는 저 모든 것이 실제로는 용광로처럼 하나로, 즉 통합의 형태로 진행되고 있었다는 취지의 말이다. 그 거대한 통합적 조류의 촉매제는 돈에 쪼들리던 구텐베르크가 기계공이던 부친의 기계를 변형하여 돈을 벌려고 만들었던 금속활자였다.

당시 유럽에서는 의사, 학자, 성직자 등의 지식인들이 이전과 마찬가지로 라틴어로만 소통하고 있었다. 라틴어는 여전히 범유럽적 언어였다. 그밖에 사람들은 속어, 즉 민족어를 사용하여 공문서를 작성하고 속어 문학을 이어가고 있었다. 르네상스 시기의 에라스무스는 모국어가 네덜란드어였지만 그도 자기 나라 사람에게 보내는 편지조차 항상 라틴어로 썼다. 언어 사용이 르네상스 시기에도 라틴어와 속어로 나뉘어 있었던 것이다. 그리고 이렇게 분리된 언어 사용은 지식인들에게는 지적 독점을 가능하게 한다. 성직자와 의사 모두에게 라틴어는 내부의 직업적 비밀을 이를테면 유지시켜 준 것이다. 라틴어로만 소통되는 지식 세계가 지속되고, 성서는 라틴어로만 쓰여져 오로지 성직자에게만 읽히고 성직자에 의해 해석되어 속어를 사용하는 일반 대중에게 전해지는 세계가 지속되고 있었던 것이다.

라틴어로만 쓰여진 성서, 이에 따른 성직자들의 성서 해석 독점은 16세기 이전에도 여러 차례 비판을 받는다. 이를테면 1380년대 전후 위클리프는 면죄부 판매 등으로 타락하고 있던 가톨릭에 맞서 최고의 진리는 성서에 있으며, 그 성서는 성직자건 일반 신도건 관계없이 음미될 수 있다고 주장한다. 이러한 주장을 뒷받침하기 위해서는 그는 라틴어 성서를 영어로 번역하는 일이 중요하다고 생각하여 영어판 성서를 몇 년 만에 만들어 낸다. 그러나 영어판 성서를 교회는 허용하지 않고 번역 관련자들을 고문하고 처형한다.

실패로 끝난 이 운동은 그런데 16세기 초 달라진 시대 환경에서 그 결실을 거둔다. 면죄부가 살아있는 사람뿐 아니라 이미 사망한 이들에게까지 판매되는 단계까지 이르러 젊은 수도사 루터는 독일 중부에서 로마까지 몇 달을 걸어가 자신의 종교적 의문을 제기하려 했으나 뜻을 이루지 못하고 돌아온다. 그 직후 그는 잘 알려진 대로 비텐베르크 성당의 정문에 라틴어로 면죄부 판매를 비판하는 95개 조의 논제를 던진다. 그때가 1517년 가을이었다. 몇 달이 지나도 별 움직임은 없었다. 하지만 이듬해 봄, 루터가 그 질문을 독일어로 번역하여 금속활자로 인쇄하여 돌리자 루터의 글은 빠르게 유포되었다. 10여일 만에 그 질문은 독일 전역으로 퍼진다. 독일어를 해독하는 누구나 당시 새로이 등장한 금속활자로 인쇄된 자료를 읽을 수 있었던 것이다. 사람들이 공감하기 시작한다. 그리고 이러한 상황 전개를 반긴 이들은 누구보다도 당시 황제들이었다. 면죄부가 팔리면 팔릴수록 돈은 성당으로, 로마로 흘러가고 있어서 지역의 맹주인 성주나 황제들은 이에 반발하고 있었다. 이해관계가 충돌한 것이다. 이에 비텐베르크 성주는 루터가 외출할 때마다 납치를 막고자 군대로 지켜준다. 그러면서 종교를 둘러싼 갈등, 기독교 세계의 분열은 날로 증폭되어 간다.

루터는 95개의 논제를 성문에 붙인 지 30년이 지난 후 사망하고 그를 지켜주던 선제후는 포로가 되어 폐위 당한다. 이전의 여러 개혁 시도처럼 실패할 것 같았던 루터의 시도는 그런데 그 직후 독일 지역에 종교 전쟁이 벌어지며 마침내 신앙의 자유를 얻어내는 결실을 거둔다. 여러 역사서적의 표현대로 그것은 분명 '기진맥진한 상태에서 얻어낸 평화'였으나 그래도 신과 인간의 직접적 대면이라는 새로운 종교관을 잉태한다. 이제 신을 신자 개인이 직접 대한다는 신교가 등장하여 서양 기독교는 분열한다.

구텐베르크 금속활자에서 종교개혁까지라고 정리될 수 있는 지금까지의 논의로 지식의 통합이란 어떠한 것인지가 짐작된다. 1520년경 유럽 중부에서 면죄부가 팔리고, 이 면죄부는 금속활자로 인쇄되어 보다 신빙성 있게 팔리고, 이 금속활자는 면죄부나 라틴어 성서에 그치지 않고 민족어 성서도 찍어낸다. 지식은 본래 이렇게 통합적이라고 저 역사 장면은 우리들에게 보여주고 있는 것이다.

반면 안타깝게도 조선의 금속활자는 그렇지 못하다. <직지심경>을 인쇄한 금속활자는 안타깝게도 사찰의 서적 보관에 주로 기여한다. 그것은 서적 보관 이외의 영역과 연결될 수 있는 기술이라 보기 힘들다. 금속활자라는 첨단 기술의 발명은 우리가 앞선다고 하지만, 그 기술의 사회적 파급력은 전혀 다른 차원인 것이다. 구텐베르크의 금속활자는 결과적으로 라틴어 사용자가 독점한 종교적, 지적 세계를 타파하는 데 기여하여 근대라는 새로운 시대를 열지만, 조선의 금속활자는 조선 내부에도 별다른 영향을 미치지 못한 기술에 머문다.

이렇듯 하나의 기술은 그 기술이 적용되는 시대 속에서 함께 호흡하며, 그 기술의 의의와 성격이 결정되면서 통합된다. 가령 미국이 전 세계에서 리드하는 분야가 여럿 있지만 대표적인 한 분야가 코카콜라, 맥도날드, 스타벅스 그리고 최근의 스마트폰 등이다. 미국은 오늘날 대중적 소비를 산업으로 통합시키는데 탁월하다고 볼 수 있다. 오늘날의 대중사회라는 성격과 첨단 산업사회가 만나서 이 시대의 모습을 그려나가고 있는 것이다.

4 역사를 발견해온 과학 그리고 현재

오늘날 과학은 일반적으로 역사를 넘어서는, 시간을 초월하는 지식을 낳는다고 간주된다. 과학이 목표로 하는 이른바 객관적, 보편적 지식이란 시간적 변화를 뛰어넘어 성립한다는 것은 그냥 보아도 당연한 말로 보인다. 그런데 과학의 등장 과정을 지켜보면 과학은 실은 역사를 발견하여서 이 역사적 시각에 의존하여 발전해 왔다.

500년 전쯤 콜럼부스가 당시 신부들의 반대에도 불구하고 배를 타고 먼 곳으로 향한 일은 인간이 역사를 실제로 발견하게 되는 근원적 사건이었다. 어디서 오는지도 모른 채 비싸게 향료를 구입하여 소비하던 당시 유럽인들을 보면서, 그는 후추 등이 나는 먼 곳으로 가서 돈을 벌어보려 한다. 그곳으로 가려면 배가 필요하고 자금이 필요하여 그는 중세 말기에 신학자들로 구성된 위원회에서 자금 지원을 간청한다. 여러 차례의 회의에서 그는 지구 반대편에 있는 인간들은 물구나무서서 살아가느냐는 질문도 받는다. 우여곡절 끝에 그는 마침내 새로운 곳에 도착한다. 그리고는 세월이 흘러 콜럼부스가 개척한 길을 따라 돈 벌러 간 이들이 금과 은 이외에 세계 각지에서 온갖 뼛조각을 유럽세계로 가져온다.

그 조각들을 살피던 근대인들은 그 조각들이 얼마나 오래 되었는지를 주목하기 시작하였다. 당시 교회는 성서에 토대하여 세상이 약 6천여 년 전쯤부터 시작되었다고 추산하고 있었다. 그런데 신대륙에서 온 뼛조각들은 그냥 보기에도 그보다 훨씬 오래 전부터 존재하였던 것으로 짐작되었다. 기존의 믿음과 충돌하는 사실들이 하나씩 쌓여가며 인간은 새로운 시각 즉 시간과 역사에 대한 새로운 이해를 열어가고 이러한 이해를 인간 지식의 여러 영역에 적용해 나간다. 그것은 먼저 19세기 초에 인문학자들 사이에 성서의 역사성 논란으로 이어지고, 이어서 이 논란은 지질학 분야와 언어학 분야로 전이되었다. 땅에도 지층이라는 역사가 있다고 주목되기 시작하였고, 인도 서쪽 지역의 언어가 유럽어와 같은 언어 체계를 지닌다는 사실이 발견되어 언어의 역사적 변천이 주목되기 시작하였다. 앎에 역사적 관점이 적용되며 지질학, 언어학 등을 넘어서서 마침내 지식의 일반적 본성을 둘러싼 광범위한 논란이 벌어지기 시작한다.

무엇을 알 때 역사적 시각이 문제된다는 이러한 초기의 짐작이 몰고 온 논란은 19세기 중반 이후 들어 과학 발전의 결정적인 몇 장면에서 중대한 결실을 이루어낸다. 다윈의 진화론이나 프로이트의 심리학이 그 결정적 장면이었다. 진화론은 실은 그것이 이론으로 성립하려면 그 바탕에 시간과 역사 속의 변화 즉 진화라는 시각이 작동해야만 가능한 시각이다. 인간 존재는 생물학적 진화의 산물이라는 정도로 정리될 수 있는 다윈의 이론은 도대체 역사적 시각의 동원 없이는 탄생할 수 없다. 또한 인간 심리와 정신 문제에 대한 과학적 접근이라고 평가되는 프로이트의 심리학도 그 바탕에 시간과 역사 문제가 놓여 있다. 나의 현재 행동은 내가 지난 시간에 쌓은 모종의 행동에 의한 것이란 것이다. 이는 프로이트 심리학 이전에 인간 행동을 대개 합리성, 선의지 등으로 설명하려던 시도와는 전적으로 다르게 내가 몸소 살아온 시간에 의하여 현재 나의 행동을 설명하려는 시도의 귀결이다.

이렇게 진행되어온 역사 발견은 분명 과학 등장의 근본 토대이다. 이런 성취를 대하는 19세기말, 20세기 초 인간들은 환호한다. 인간 지성의 지속적 진보를 과학의 위대한 성취를 보며 확신한다. 과학이 이끄는 진보는 이제 이전과는 양상이 다르다. 종교가 이끌던 시대 그리고 이어서 서양 근대에 인간 정신이 이끌던 시대를 뒤로 하고 이제는 과학이 이끄는 시대가 도래하여 누구나 원하면 과학적 진리의 참 또는 거짓을 확인할 수 있는 것이다. 이렇게 역사적 시각의 등장에 힘입은 과학에 당시의 기술 발전이 더해진다. 자전거에 이어서 버스가 등장하여 그 냄새나는 말똥을 뿌리는 마차를 대신한다. 버스가 가는 곳을 가스로 밝히는 가로등이 어둠을 밀어낸다. 이것도 과학이 낳은 것이다. 해가 지면 어둠에 살던 인간들, 버스 이전에는 그 옛날부터 사실상 같은 방식 즉 걷거나 말을 타며 이동할 수밖에 없던 인간들에게 이는 새로운 세상의 도래였다. 빛의 속도도 발견되고 인간의 과학적 진보는 그 끝이 없어 보였다. 마침내 엑스레이도 발견되어 인간의 오랜 숙원인 살아있는 인간 내부로의 관찰도 가능해졌다. 중세 말 이후의 인간 진보가 드디어 거대한 성취를 이룬 것이다. 과학은 하나의 멋진 세상을 약속하는 것으로 보이고 그 속에서 세기말 인간들은 살아간다. 19세기 초 이래로는 오래 지속된 전쟁도 사실상 없었던 세기말이었다.

과학적 지성은 세기말에 이르러 거대한 성취를 이룬 것이다. 이론적으로 보면 종교에서 독립하여 과학이 결실을 거둔 것이다. 이러한 과학은 자신이 거둔 성취를 근거로 이제 더 나아가고자 한다. 자신의 등장을 가능하게 하였던 역사적 시각을 이제 모든 인간을 포괄하는 보편적 시각으로만 이해해 나가 이를 관철시키려 한다. 이러한 열망에서 인간 존재를 우생학적 시각에서 이해하여 이른바 열등한 종자를 거세하여 '우량한' 인간들의 세계로 만들어가려 시도하기도 한다. 비역사적 시각을 물리치며 등장한 과학이 과학적 시각이 지배하는 세상에서 또 다른 종류의 비역사성을 향하여 나가려 하는 것이다.

대략 이 정도 지점에서 오늘날 인문학적 시각은 문제를 제기한다. 역사는 과연 모든 인간에게 하나인가? 그럴까? 과학이 이해하는 역사, 다윈과 프로이트가 이해한 역사는 분명 하나일 것이다. 그런데 인간은 신대륙을 발견하여 지구가 둥글다고 알아낸지 이제 500년 정도 된 세상에 살고 있으며, 지구 곳곳을 인간이 발로 밟아본 것은 백년정도밖에 안 되었으며, 무엇보다도 멀리 살고 있는 인간들과 만나고 뉴스를 듣기 시작한지는 통신과 비행기 등에 힘입어 이제 겨우 수십 년이 지난 때가 지금이다. 몰역사적 이해에서 벗어나 하나의 역사를 상정하며 발전시킨 인간 지성인 과학은 이제 자신을 가능하게 만든 근본적인 시각에 대하여 질문을 받아야 하는 지점에 와있는 것이다. 역사는 과학이 염두에 두고 있는 그 역사 하나일까?

오늘날 우리는 병원에 가서 의사가 나의 병력이 적힌 차트를 보는 것에 익숙하다. 그 차트는 그런데 모든 이의 병력이 적힌 기록은 아니다. 거기엔 나의 지나온 질환 역사가 적혀 있다. 역사를 발견하며 발전해 온 과학은 오늘날 하나의 근본적 질문을 받고 있다. 오늘날 과학은 그리고 산업기술은 하나의 역사를 놓고 과학성과 기술성을 이어나갈 것인지 아니면 여러 역사성과 인간 존재의 각기 고유한 역사성을 주목하는 방향으로 과학과 기술을 발휘하는 쪽으로 나갈 것인지를 여전히 생각해야 하는 과제를 안고 있다.

이 과제를 하지만 아마 과학과 산업기술이 스스로 풀 필요는 없을 것이다. 이들의 본래 과제가 이것은 아닐 것이다. 그런데 이 과제를 의식하지 않으며 진행되는 과학과 산업기술은 역사성이라는 토대에서 성장해 온 자신의 출생 비밀을 잊고 과학과 기술의 근본 토대를 상실하는 대가를 치를 것이다. 인터넷은 이용자들에게 하나의 역사를 강요하는 데 기여하기 보다는 인터넷 이용자들의 다양한 발언 통로로 더 많이 활용된다. 인터넷을 둘러싼 온갖 사회적 논란에도 말이다. 통신은 사회나 세계의 하나됨이나 나아가 통일성에 기여하기 보다는 각자의 목소리를 반영하면서 사회나 세상의 목소리를 표출하는 데 우선은 활용된다. 각종 통신으로 표출된 의견들이 그 다음에 사회분란으로 이어지는지 아니면 실질적 사회통합으로 이어질지가 분명치는 않은 상황에서도 말이다. 기술의 이러한 여러 활용 현장은 과학과 산업기술 세계에 자신을 낳은 근원적 시각이 무엇인지를 되묻게 한다.

5 서양의 18세기말

중세를 우리가 종교의 시대라 정리하지만 그 정리는 종교가 종교 세계만 지배한 것이 아니라 정치, 앎, 경제도 지배하기에 붙여진 이름이다. 종교가 분열하며 종교개혁이 정착된 18세기말, 모든 요소를 지배하던 종교 즉 통합적인 구심점이 분열된 뒤에 변화는 정치, 앎, 산업 등 각 분야에서의 혁명으로 파급된다. 정치세계의 변동을 프랑스대혁명으로, 앎에 대한 새로운 버전을 과학의 등장, 과학혁명이라는 이름으로, 그리고 산업과 경제 영역의 변동을 산업혁명으로 역사는 기록한다. 이 모두는 18세기말, 유럽의 일부 지역에서 함께 발생한다.

아테네 시대에 이어서 이루어진 역사의 두 번째 질적인 도약은 이렇듯 종교개혁의 토대에서 산업혁명, 대혁명, 과학혁명 등이 함께 이루어지며 나타난다. 역사를 지켜보자. 프랑스대혁명의 초기 추이는 지식인 및 산업자본가의 자유 이념 성취로 귀결된다. 자유, 평등, 박애라는 대혁명 이념 가운데 박애는 공화주의 이념의 외부 세계로의 확산이 나폴레옹의 몰락으로 중단된다. 평등은 대혁명의 주도세력인 상뀔로트가 탄압받으며 일정 시기동안 중단된다. 자유만이 대혁명의 초기 성과로 기록된다. 이에 자본가와 지식인들이 신분 사회에서 탈출한다. 이처럼 대혁명이 산업혁명과 함께 진행되며 극히 일부 계층의 자유만을 결과한 사회 변동에 대하여 반발이 나타난다. 마르크스의 사회주의다. 이 사회주의는 자유주의에 대한 반발로 등장하나 근본은 19세기 전반을 지배한 과학정신에서도 유래한다. 마르크스는 이전의 사회주의와는 달리 과학적 사회주의이기를 요구한 인물이다. 그에게는 대혁명, 산업혁명, 과학혁명 그리고 또한 종교비판도 함께 한다. 그는 혁명의 수레바퀴가 단순히 의지로 굴려지며 대혁명이 실패했다고 보며, 이의 대안을 산업기술의 혁신이 나타나며 당시 확연해지던 계급성에서 구하며, 이 노동자 계급은 인간 사회의 역사적 이행을 해명하는 과학적 고찰에 따라 밝혀진다고 본다. 이제 이 과학적 사회주의와 고전적 자유주의는 19세기 중반부터 충돌하기 시작한다.

18세기말부터의 이른바 이중혁명에서 노출된 이 충돌은, 지식인과 자본가에게 실현되기 시작하는 자유에 자본주의의 모순에서 나타날 계급 연대에 기반한 자유의 과학적 필연성이 충돌한 것이다. 말하자면 극히 미약하게 실현된 당시 자유주의와 이러한 극히 미약한 실현을 결과한 구조적 결함에 변증법적으로 보면 필연적으로 실현될 사회주의가 부딪친 것이다. 이 충돌은 민주주의에 대한 그 어떤 전망도 할 수 없었던 19세기 중반의 일이다. 여기서 빠진 것은 오늘날 보면 시민사회이다. 오늘날의 시민사회에는 자본가 관점, 지식인 관점뿐만 아니라 계급적 관점도 실은 어울리지 않는다. 자본가, 전문가 –니체가 '전문가 바보'라는 말로 조롱하는–, 노동자라는 직업적, 계층적 소속을 넘어서는 존재론적 위상을, 시민존재임을 시민사회는 요구한다. 말하자면 시민 융합이 가능하며, 이의 작동 방식은 한편으로는 전문가, 이해관계 당사자 다른 한편으로는 시민성, 양자 간의 영향사적 관계일 것이다.

18세기의 이중혁명은 선언하고 자유주의와 사회주의의 충돌을 낳는다. 극히 일부의 자유와 계급적 자유가 충돌한다. 양자 모두는 고대 아리스토텔레스가 보여주는 에토스와 로고스에 기반한 폴리스 차원의 자유에 해당하지 않는다. 그리고 이어지는 이 시대는, 4차 산업혁명이 광범위하게 유포되는 이 시대는 학술적으로는 포스트모던이라 대개 칭해진다. 거기에는 분명한 이유가 있다. 근대인들이 여러 혁명이라는 이름으로 일부는 실현하고 많은 부분은 선언에만 그친 그 많은 미실천 과제를 이 시대가 근대 이후 실현한다는 것이다. 극히 일부만이 투표하는 대혁명 시기의 공화정 이후에, 이 시대는 1인1

표제를 실현하는 공화주의, 민주주의를 접한다. 종교개혁, 아니 기독교의 분열 이후에, 이 시대는 더 나아가 종교의 자유를 실현한다. 그리고 또 하나, 근대인이 복구하지 못한 것도 근대 이후의 진정한 시작을 알리는 2차대전 종전과 함께 서양 아테네 이후 복구된다. 인간은 오랫동안 로고스를 지닌 동물로 정의되어 왔는데, 이 이성적 동물이 하나의 사회에 뿌리박고 살아가는 근거도 포스트모던 시대는 묻고 실현한다. 하나의 공동체에 속하는 최후적 근거가 언어를 함께 하는지, 종교적인 요소인지, 역사를 그리고 역사의식을 공유하는 지로 다를 수는 있지만, 이 시대는 사회성의 근거와 이성적 인간 존재 양자를 엮어서 실현한다. 바로 아리스토텔레스가 제시하고자 하였던 에토스와 로고스의 연관에 기반한 폴리스가 2차대전 이후에 실제로 등장한 것이다.

6 왕조시대를 마감한 1차대전

1914년 8월, 제국 합스부르크는 전쟁을 선언한다. 제국의 포고문은 30여개에 달하는 민족 언어로 공표된다. 오늘날 오스트리아, 체코, 헝가리, 유고 지역 등을 지배하던 그 황제국가는 또 다른 황제국가 독일과 동맹한다. 이에 맞서 영국, 프랑스, 이탈리아가 전쟁을 선포하고, 또한 일본도 중국 내에서 독일과 제국주의적 이해관계가 엇갈려 이에 가세한다. 여기까지 보면 그 전쟁은 그저 그 이전부터 인간 역사에 늘 있어 왔던 영토전쟁이나 왕조전쟁에 불과한 것으로 보인다. 많은 역사책들이 실제로 주요 국가들의 제국주의적 야욕에서 그 전쟁의 발발 요인을 구하고 있다. 그 전쟁을 보는 시선을 그 당시로 좁혀 보면 그 전쟁은 주로 제국주의 때문에 발발한 것이 사실이다.

하지만 우리는 그 전쟁을 제1차 세계대전이라고 칭한다. 그저 두 번의 전 세계적 전쟁이 20세기 전반에 연달아 일어나 이를 1차대전, 2차대전이라고 부른다고만 볼 수는 없다. 그 두 번의 전쟁은 전쟁 발발의 근본적이고 심층적인 요인을 공유하기에 연속적인 전쟁이었다. 연속적인 전쟁이 터진 이유를 생각하고 아울러 결말을 떠올려 보면 이런 짐작이 가능하다. 제국주의 세력이 서로 충돌한 것은 사실이지만 그 결과로 2차대전 종전 뒤의 세상이 펼쳐진다. 이 새로운 세상에는 제국주의가 쇠퇴하여 수많은 신생국이 등장하며 무엇보다도 1인 1표제가 전 세계의 광범위한 합의 속에서 정착된다. 따라서 1차대전이 미친 영향은 제국주의의 지속이 아니라 쇠퇴이며 이에 따른 민족주의적, 언어공동체별의 국가 독립이다. 그리고 이 모든 바탕에는 1차대전이 새로운 것을 인간 사회에 선사했다는 점이 자리한다. 그것은 바로 왕조의 소멸이다.

전쟁이 인간 사회가 악해서만 나타나는 것은 아니다. 그런 전쟁도 꽤나 많았지만 다른 종류의 전쟁도 있었다. 즉 기존질서가 지닌 근본적 문제를 기존질서 자체가 풀 수 없을 한계상황에 도달하여 전쟁은 터지고 이 결과 이러한 전쟁은 새로운 질서를 초래하기도 한다. 어떻게 보면 이런 전쟁이야말로 기존질서의 해체와 새로운 질서의 창조를 이끌어낸다. 근대 초의 종교전쟁이 그러한 종류의 전쟁이었다. 종교전쟁의 결과 서양 기독교의 분열이 정착되고 그 결과는 현재에까지 이르고 있다. 하나였던 종교가 더 이상 그럴 수 없는 한계상황에 봉착하여 종교전쟁은 터지고 이를 기반으로 두 개로 분열된 기독교는 등장한다. 하나님, 신은 하나일 수밖에 없는데, 그러한 종교는 둘일 수도 있다는 일종의 '비논리적' 결말을 근대의 종교전쟁은 확정한다. 싸울 만큼 싸우고도 결말이 없으니 그 상태에서 멈춘 전쟁인 것이다. 어느 역사가의 말대로 '기진맥진한 상태에서의 관용'이었던 것이다.

이와 마찬가지의 양상을 20세기의 두 번의 세계전쟁은 보여준다. 그 전쟁이 인간 사회의 사악함, 예측 불가능함, 영토야욕, 지배본능 등으로 설명될 수도 있을 것이다. 식민지 사라예보의 민족주의자 청년에게 암살당한 제국의 황태자, 여기에는 이미 그 전쟁이 시작되고 그 전쟁 이후에 펼쳐지는 후속 세상의 모습이 그려져 있다. 거기에는 그저 암살과 보복만이 있지는 않으며, 또한 그 암살과 보복을 매개로 형성된 당시의 국제 관계만이 나타날 수는 없다. 거기에는 사라예보의 한 젊은 지식인 민족주의자의 외침이 있고 이에 대한 탄압이 그 후대의 전개 역사로 보면 실제 사실로 등장한다. 바로 이러한 점에서 1차대전은 그때까지 중추적인 인간 사회의 질서를 허물고 새로운 질서의 구축에 인간들이 나서도록 하였다는 점에서 해체와 구성의 성격을 지니는 전쟁이었다. 근대 초의 종교전쟁이 ─ 이도 유럽 전역의 전쟁이어서 일종의 세계전쟁이었다 ─ 이전 종교질서를 마감한 것과 마찬가지로, 근대 말의 1차대전도 종교와 더불어 인간 사회의 오랜 익숙한 질서였던 왕조를 마감한다.

1차대전 이후의 역사를 전쟁을 초점으로 기술하면 대략 이렇게 될 것이다. 1918년 전쟁이 끝난다. 이 전쟁과 본질적으로는 관련이 없는 채 소비에트연방공화국이라는 또 하나의 '왕 없는 국가'가 등장한다. 1차대전의 발발요인이었던 제국주의라는 암초를 제거할 수 없는 인간 사회는 그 문제를 그대로 다시 30년대 내내 이어가서 마침내 1차대전의 속편으로 보이는 2차대전에 빠져든다. 2차대전의 가장 유명한 장면이 노르망디 상륙작전이라고 많은 이들이 알고 있지만 그 전쟁의 향방을 진정으로 결정한 장면은 수백만 명의 독일군을 압살한 1942년 겨울의 스탈린그라드 전투였다. 미국과 영국이 지원한 엄청난 군수물자를 받아서 사회주의 소련은 파시스트 독일과 싸운다. 전쟁 물자를 보낸 미국과 영국은 그러나 당시 지켜보고 있었다. 파시스트 국가와 사회주의 국가 둘 모두가 탐탁지 않기에 그들은 추이를 지켜보고자 하였다. 마침내 독일이 패주하기 시작하자 그들은 프랑스 해안에 상륙한다. 그리고는 2차대전이 끝나자마자 동서냉전은 시작되고, 이는 90년대 초 사실상 끝난다. 그 뒤 우리는 지난 20여 년간 이른바 신자유주의라는 새로운 용어를 여러 곳에서 듣고 있었다. 20년가량 이어져온 그 이념이 만든 세상의 질서는 그런데 몇 년 전 금융위기라는 하나의 성적표를 세상에 내보인다. 그리고 지금 우리는 금융위기의 여진 속에 살아가고 있다.

이 모든 진행의 기폭제는 1차대전이었다. 이전 세계와 단절하여 나가는 20세기 역사 흐름의 기폭제는 이전 세계의 핵심인 제국주의 황제 국가에게서 포고문의 형태로 주어진다. 1차대전은 새로운 양상의 전쟁이었다. 거기에서는 최초로 모든 시민들이 국가를 위한 전쟁에 뛰어들었다. 이전까지의 전쟁은 주로 국가의 일부 즉 귀족들과 이들의 지휘를 받는 이들이 참전하였다. 1914년 그 전쟁에는 국민개병제가 기본 토대였다. 국가를 위한다는 열정에 프랑스 파리 역이나 오스트리아 빈 역을 가족과 애인의 열렬한 환송을 뒤로 하고 보무도 당당히 도착한 전선은 하지만 이제까지의 전선과는 달랐다. 바로 기관총이 이전의 전쟁과는 달리 전선을 지배하였던 것이다. '돌격 앞으로'를 외치는 지휘관과 이를 따르는 병사 무리를 단 한 대의 기관총 진지가 박살낸다. 그 전쟁은 4년 내내 참호전으로 진행되었다. 독일과 프랑스 국경 사이로 500Km가 넘는 참호가 양쪽에 설치되어 전선은 교착상태에 빠졌다. 이를 타개하기 위하여 전쟁 막바지에 영국과 독일은 탱크를 개발하여 전선에 투입하나 탱크의 기동거리가 불과 몇 Km 이내였던 관계로 그 전쟁의 양상을 바꿔놓지는 못한다. 국민개병제로 국가의 모든 것을 쏟아 붓고 그러고는 참호에서 손발이 썩어 들어가 사망하는 장면을 숱하게 그 전쟁은 낳는다. 이 당시 정신분석학자 프로이트는 참호 안의 참혹한 현실에서 정신이 이상해진 몇 명의 합스부르크 제국의 귀환 병사를 상대로 실험, 분석하며 새로운 학문 영역을 개척하기도 한다. 정체된 전선을 돌파하려는 양쪽의 몇 번의 시도가 좌절되고 마침내 독일은 항복한다.

1918년 11월 독일은 항복과 함께 미국의 요구대로 황제를 고향으로 미련 없이 보내버린다. 아울러 합스부르크 제국도 수명을 다한다. "1918년 11월 9일 독일은 더 나은 강화 조건을 끌어내는 데 공화제가 유리할 것이라는 판단 아래 주저 없이 황제 빌헬름 2세를 쫓아냈다. 합스부르크 왕가의 마지막 황제 카를은 사흘 뒤 퇴위했다. 이 사건으로 정략결혼과 교묘한 줄타기 놀음으로 천 년을 이어온 합스부르크 왕조는 역사의 무대에서 퇴장했다. 러시아의 로마노프 일가는 7월 16일 살해되어 이름도 없는 묘지에 매장되었다. 동유럽과 중부 유럽에서 구체제를 지탱한 적통의 세 왕조가 한 해 안에 모두 사라져 버린 것이다. 1918년 말이 되자 세 왕조 중 어느 하나 되살아날 가능성이 없어 보였다."

1차대전이 이후 세계에 남긴 가장 큰 변화는 이렇듯 왕국의 소멸이다. 이를 다르게 표현하면 근대적 질서의 붕괴이다. 근대 초의 종교전쟁으로 이전의 중세가 사라지듯이 20세기 초의 1차대전은 중세에서 벗어나 수백 년간 이어져온 절대왕권의 근대를 종식시킨다. 1

차대전 종전과 함께 패전국들의 황제가 없어진다. 왕이 지휘하는 사회와 그렇지 않은 사회가 국민개병제의 기치 아래 모든 것을 투입하고 싸운 것이다. 1차대전이 몰고 온 그 변화에도 불구하고 승전국 황제는 여전하였다. 이 모순은 하지만 그리 오래 가지 못한다. 전쟁의 만족스러운 종식이 이루어지지 않아 다시 발발한 2차대전 와중에 일본을 제외한 나머지 모든 나라의 왕들이 실질 권력에서 배제된다. 명목상 황제이기는 하지만 여전히 상당히 내용적으로 황제가 존재하는 체제는 일본이 유지해 나가며 그 유지해나가는 그만큼 일본은 안타깝게도 오늘날 뒤늦은 국가라는 한계를, 많은 돈에도 불구하고 이에 걸맞은 위상은 보일 수 없는 태생적 한계를 노출한다. 일본의 명목상 황제체제 그 자체가 일본의 사회적 성격을 결정한다기 보다는 20세기의 전 세계적 변동에도 불구하고 끝내 꿋꿋한 그 일본의 일관성이 오늘날 일본의 답답한 이미지를 만들어 놨다고 본다.

1차대전은 황태자의 암살이라는 제국주의적 정세에서 시작되지만 그 전쟁이 몰고 온 결실은 실은 황제와 왕의 소멸이었다. 이는 꽤나 아이러니다. 제국 황태자의 암살에서 촉발된 전쟁이 그 20세기 내내의 여파로 그 황태자 자체가 없는 세상을 결과했으니 말이다. 왕이 없는 사회가 대세로 등장한 것이다. 왕 없는 사회에 우리는 살고 있다. 인간의 긴 역사에서 보면 아주 특이한 형태의 세상에서 우리는 살고 있는 셈이다.

1차대전 100주년이다. 기념할 일은 못되겠지만 그 누구도 그 영향권에서 벗어날 수 없는 전쟁이었다. 그 전쟁은 인간의 오랜 역사에서 숱하게 되풀이되던 왕조전쟁이 아니었다. 또한 그건 종교전쟁이 아니었다. 전쟁 시기에 그리고 전쟁의 두 세력은 넓게 보면 한쪽은 당시 황제국가들이었고 다른 한 쪽은 최소한 그런 국가만은 아니었다. 그 전쟁을 중심으로 인간 역사의 이전 수백 년과 이후 백년을 지켜보면 그 전쟁이 어떤 영향을 우리 인간의 삶에 미쳤는지를 알 수 있다. 1914년과 2014년은 얼마나 다른가? 정말 무엇이 바뀌었는가? 외교로도 대화로도 안 돼서 마지막으로 인간 사회가 선택하는 그 전쟁이 몰고 온 변화는 무엇인가? 역사의 긴 추세로 보면 그 전쟁은 왕조시대를 마감시켰다. 왕의 주도로 일사분란하게 움직이는 사회의 종막을 고했다.

왕실은 인간 역사 내내 있어왔다. 고대 아테네 이후 인류 사회는 2천년 이상 절대 권력의 교황이나 군주의 통치를 받는다. 종교개혁 뒤 교황이 잠시 물러선 그 자리를 군주들이 담당하며, 이를 "군주가 자기 영토의 종교를 결정한다"고 합스부르크 제국의 페르디난트 2세가 1620년경 잘 묘사하고 있다. 교황에 이어 군주가 사회의 원리를 독점한 것이다. 이렇게 이어져온 인간 사회의 중심은 1차대전이 끝나자 민들레 홀씨처럼 사라진다. 전쟁 직후의 저러한 움직임은 사회에 대한 인간의 오랜 익숙한 생각을 박살낸 것이다. 황당했을 것이다. 당시 유럽 지식인들은 그래서 유럽의 밤을 말하기도 하였다. 새로운 왕조가 들어설 거라는 그 어떤 전망도 할 수가 없는 것이다.

이를 두고 왕정에서 공화정으로의 이행이라고 쿨하게 정리할 수는 있을 것이다. 하지만 왕정 시대의 퇴장은 그저 정치구조의 변동으로 끝나는 것이 아니라 왕정 시대에 살던 나에게 왕실이 부여하던 기능을 생각해보면 아주 근본적인 과제를 인간에게 안겨준 것이다. 왕조 시대의 나는 어느 왕조에 살고 있다는 것으로 나의 정체성은 제시되며 그 왕국의 사실상 하나의 톱니바퀴로 살아가면 족하다. 왕이 이끄는 사회의 하나의 부속품에 불과하여도 오늘날의 우리처럼 정체성을 풀어야 하는 과제를 떠안지는 않는 장점은 있다. 하지만

나의 정체성을 부여하던 왕실의 퇴장은 나의 삶의 토대가 무엇인지를 묻게 한다. 나는 살아간다. 살아가는 나에게 그런데 살아간다는 것의 의미를 설명해줄 삶의 토대가 필요하다. 왕실의 퇴장과 함께 삶의 토대가 공백 상태에 빠진 것이다.

삶의 토대가 무너지는 것에는 종교의 변화된 위상도 가세한다. 종교는 나타난 현상으로 보아도 유럽의 세기말을 지나며 이전까지와 같은 정도로 역할과 기능을 수행해 나가지는 못한다. 종교가 인간 삶의 토대 역할을 해 오던 역사가 유럽 중심부에서도 조금은 약화된 것이다. "종교적 동인이 약화되고 궁극적으로 소멸하는 이 사건은 선진 국가에 사는 사람들에게도 큰 공백을 남겼다. 현대의 역사는 대체로 이 공백을 어떻게 메우는가의 역사이기도 했다."

역사는 20세기 초로 진입한다. 왕실이 물러가면 역사책의 정리대로 곧바로 공화국, 민주주의로 나아갈까? 그렇지 않다. 왕실이 물러가고 종교가 다소 쇠퇴하며 삶의 근본 토대가 유동할 때 이 빈틈을 장악한 세력은 파시스트와 독재였다. 어느 역사책에 보니 20세기 인간들의 지배적 사회체제는 독재였다고 적혀 있었다. 그건 우울하지만 사실이다. 역사의 이러한 전체적 추이를 필자가 보기에는 두 차례의 세계대전 사이에 있었던 스페인 내전이야말로 압축적으로 잘 보여주는 사례이다.

역사책들은 왕당파와 공화파가 30년대 중반 스페인에서 충돌한 전쟁을 스페인 내전이라 정리한다. 왕당파에는 왕실과 귀족뿐만 아니라 가톨릭도 파시스트도 속했다. 공화파에는 공화주의자, 사회주의자, 무정부주의자도 속하며 심지어는 소련도 지원한다. 당시 스페인의 많던 금을 실은 열차들이 무기 수입의 대가로 모스크바로 향했다. 또한 국제여단이라 이름 붙여진 전 세계의 자발적 시민들도 가세하며, 이에는 헤밍웨이도 있었다. 대략 정리하면 한 쪽에 왕실과 종교가 있었고, 다른 한 쪽에는 이에 반대하는 이들이 있었다. 그런데 정작 승리한 세력은 파시스트들이었다. 공화파를 반대한 종교와 왕실은 파시스트를 지원한다. 종교의 쇠퇴와 왕실의 추락이 낳은 공백을 파시스트가 채운 것을 스페인 내전은 그대로 보여준다. 스페인 이외에서도 역사는 대개 이러하였다.

그 뒤 스페인은 알려진대로 이런 길을 간다. 70년대 프랑코는 사망을 앞두고 황태자에게 권력을 넘겨주려 하나 그 황태자는 세상의 근본적 변동을 이미 알고 있었다. 자신이 현실 권력을 지닐 수 없는 시대임을 알고 개혁에 나선다. 그리고는 정상적인 선거가 실시되고, 80년대 초 유럽의 마지막 독재국가에서 벗어난다. 하나의 국가가 정상적이고 어느 정도 수준이 되면 지나게 되는 관문같은 것이 오늘날 있는 것같다. 바로 월드컵과 올림픽 개최이다. 어두운 이미지의 나라들은 오늘날 저 대회들을 개최하지 못한다. 내전, 독재에서 탈출한 스페인은 그 직후 월드컵과 올림픽을 개최한다. 어느 나라에게나 문제는 있고 안으로 들어가 보면 소란스럽겠지만 왕당파가 더는 예전처럼 개입할 수 없는 현실에 스페인은 서있다. 마찬가지로 1차대전은 인간 사회에 너무도 자명하여 더는 의식조차 되지 않는 '왕없는 국가'를 선사한다. 왕이 물러가고 등장했던 파시스트도 어느 정도 위세가 꺾인 역사 지점에 우리가 서있으며, 이러하기에 비록 전쟁이기는 하였지만 우리의 오늘을 보면 1차대전은 참으로 '창조적 파괴의 전쟁'이었다.

⁊ 우크라이나와 크림반도에 밀어닥친 민주주의

2013년 늦가을부터 우크라이나 뉴스가 이어지고 있다. 이방인이 보기에 처음에는 그저 여당과 야당의 힘겨루기 정도로 보이던 사태가 몇 달을 지나서는 점차 지금이 어떤 시대인지를 전 세계에 노출시키는 하나의 분명한 사건으로 자리 잡고 있다. 거기에는 온갖 스토리가 있다.

과거 왕조 시대의 이야기가 먼저 있다. 그 시대도 합스부르크, 러시아, 터키, 영국 등의 제국주의 세력 하에서 분열된 채로 였다. 우크라이나 사람들, 그들은 말하는 인간 존재로 우크라이나 말을 하며 살아 왔지만 실은 그들은 없는 시대가 이어진 것이다. 그들을 분할 지배하던 왕조 체제의 제국주의가 20세기 초반 쇠퇴하여 가자, 역사의 숙제를 스스로 풀지 못해 온 하나의 삶의 공동체는 여전히 비틀거린다. 그것이 언어 공동체이든, 민족 공동체이든, 종교 공동체이든 말이다. 1차대전, 내전 그리고 소비에트 연방공화국으로의 편입 등이 그들의 역사에서 이어진다. 1차대전과 2차대전에서 그들은 전쟁의 양쪽에서 동시에 징집되는 운명에 처한다. 스탈린 시대의 소련은 아사한 우크라이나인들의 빈 공간을 러시아인들로 채운다. 그러면서 우크라이나라고 하는 국가공동체의 발언과 결정은 여전히 그 어디에도 없었다. 이 모든 역사의 과정이 안고 있는 문제, 왕조 시대에도 유지하지 못한 국가 정체성, 20세기 초중반의 전쟁 시기에 확보되지 못한 국가 정체성은 이제야 비로소 그들의 과제로 떠오른다. 왕조 시대에 제기하지 못한 과제, 그리고 왕조 시대에서 곧바로 사회주의로 이행한 시대에 풀 수 없었던 숙제를 그들은 이제서야 모아서 압축적으로 해결해야 하는 때를 맞이한 것이다. 무척이나 늦은 숙제를 우크라이나는 지금에서야 해나가며 그 아픔을 전 세계에 노출시키는 셈이다.

이러한 역사를 지나왔고 이러한 역사에서 제기된 문제를 떠안은 우크라이나 사회는 최악의 유혈 사태가 발생한 지난 2월의 어느 날 직후에 대통령이 비행기로 도주한다. 이는 꽤나 상징적인 사건이다. 그 나라의 헌법과 정부는 존재하지만 그 근본은 정리되지 않고 있었음을 대통령의 야반도주 사건이 보여주기 때문이다.

작년부터의 이러한 사태 전개를 지켜보며 필자는 사실 당혹스러웠다. 필자가 보기에 혁명은 대개 활동하기 좋은 봄에 나곤 하였기 때문이다. 우리의 20세기 후반의 여러 정치적 격변은 주로 봄에 일어났다. 4.19, 5.18, 6.10 등이 그랬다. 또한 프랑스대혁명도 그 시작은 봄부터 초여름까지였다. 러시아혁명의 1917년도 그랬다. 아무리 열받아도 겨울 거리에 나서는 것은 오래 갈 수가 없기 때문일 것이다. 이렇듯 사회 변혁에의 의지를 실현할 자연 여건이 중요하기에 필자는 지금도 혁명을 원하는 의지는 봄에 주로 결실을 거둔다는 생각이다. 하지만 우크라이나의 여러 도시에서 외치던 이들은 두꺼운 외투 속에서 자신들을 주장하고 있었다. 혁명은 봄에 난다는 유물론적이고 환경적 설명을 무색하게 할 만큼의 의지와 열정이 넘쳐날 경우, 일반적인 추정과는 다르게 나타난다는 점을 우크라이나 사태 전개가 보여주고 있다는 생각이다. 절박한 외침이 우크라이나에게 밀어닥친 것이며 이는 동토도 무너트린 것이다. 바로 이 시대의 가장 근본적인 외침을 오늘의 우크라이나는 전하고 있다. 그곳에 살고 있는 이들이 그곳의 운명을 정한다는 원칙, 즉 민주적 원칙이 우크라이나와 크림반도에도 밀어닥친 것이다.

그래서 현재, 2014년 3월 말의 정황으로는 크림반도를 거쳐 러시아로 도망간 우크라이나 대통령의 행적이 모든 것을 말해주는 징표로 보인다. 크림반도는 주민투표를 거쳐 러시아의 영토가 될 것으로 보이기 때문이다. 대통령이 도망가는 전체 우크라이나, 도망 온 대통령을 정상이라고 여기는 일부 우크라이나인 크림반도, 이 모두는 이상이 아니고 정상이다. 지금의 세계는 여전히 지난 시대의 이야기 위에서 진행된다. 인간, 국가는 역사적 존재이다. "법이란 수세기에 걸쳐 종족이 발전해 온 이야기를 구체적으로 표현한 것이다. 따라서 법은 공리와 결론만을 포함한 수학책처럼 다뤄질 수는 없다."

이러한 사태 전개에 반대하는 이들도 물론 있을 것이다. 서방 세계의 제재 이야기가 들린다. 반대와 제재의 명분은 서부 우크라이나와 서방 세계가 보기에 넘쳐 나겠지만 이는 실제로는 약효가 떨어진다. 제재가 성공하려면 표면의 정치경제적 이해관계보다는 더 근원적인 역사 흐름과의 부합 여부가 중요하다. 지난 시절에는 정치경제적인 대결과 대화로도 안 되면 인간은 전쟁을 벌이곤 하였다. 지금은 그건 최소한 아닐 것으로 보이는 시대이다. 오늘날 전쟁이 아니면서 정치경제적 특정 관점을 관철시킬 방법은 없다. 이 시대는 특정 국가들의 정치경제적 이해관계를 물리치며 자신들의 사회를 스스로 구성할 권리를 갖고 있다. 즉 그 지역에 사는 하나하나에게 물어보는 것이다. 이에 어긋나면 그 어느 제재도 성공할 수 없다. 20세기의 스페인 내전이 그것을 보여주었다. 과거의 왕당파 세력이 내전에서 승리는 하나 불과 반세기만에 시대의 흐름, 시대의 민주적 흐름에 백기를 들고 물러간다. 오늘날 스페인은 그냥 보기에도 70년대까지의 후진 이미지의 국가에서 벗어나 있다. 또한 유고의 분열도 이를 말해준다. 사회주의 공화국이라는 기치의 티토의 리더십으로 뭉친 그들은 그 이념의 화신이었던 티토가 사라지자 곧바로 이 시대의 지배적 힘에 의하여 분열된다. 분열이기는 하였지만 이 분열은 이전의 유고라는 통합성이 근본적으로는 진정한 통합성이 아니었다고 증명하는 분열이었다. 자신들의 삶, 언어, 종교 등에 기반한 사회를 이 시대가 요구한 것이다.

이 시대의 핵심을 크림반도의 주민투표가 말해주고 있다. 주민투표는 우크라이나 헌법도 넘어서는 실행력을 보여줄 수 있다. 이 실행력은 크림반도 주민투표와 관련한 온갖 논란에도 불구하고 그 민주성에서 나온다. 헌법적 가치와 이 헌법의 지배를 받는 특정 주민들의 이야기가 근본적으로 충돌할 때 지금의 시대는 헌법을 초월하는 해법도 구할 수 있다. 그런 시대가 지금의 시대이다. 물론 주민투표의 헌법적 정당성을 훼손하는 것은 과거 스탈린 시절 크림반도로 넘어온 이주민들과 그 이전에 타타르족을 말살해간 제정 러시아의 역사일 것이다. 이주민들이 그 땅의 주인이 아니었다는 역사가 주민투표의 결정력을 흔들 수는 있을 것이다. 하지만 오늘날 국제법은 과거를 불문하고 현상유지를 최선의 방안으로 채택한다. 국제법은 섬 등의 영유권 분쟁이 일어나도 이른바 실효적 지배라는 잣대를 들이댄다. 이런 상황을 감안하면 인위적 이주 때문에 명분에서 타격은 입을지 몰라도 그 이상의 타격은 없을 것으로 보인다.

우크라이나라는 정체성이 과거의 왕조시대와 20세기에 풀리지 못한 나라가 아무리 헌법을 수호하려 해도 주민투표 앞에 무너져 가는 사태 전개를 보며 우리가 지금 시대의 혼란을 말할지도 모른다. 그러나 필자가 보기에 우크라이나 사태와 크림반도의 러시아로의 병합은 인간 역사가 가는 방향성을 잘 보여주는 사례라 여겨진다. 주민투표가 우크라이나의 현재 헌법과 크림반도로 스탈린 시기에 이주한 러시아인들의 문제를 넘어서는 설득력과 타당성을 낳는다. 주민투표가 지닌 민주성이 이러한 설득력과 타당성을 낳는다. 인간 역사는 민주주의로 가고 있으며, 이 민주성은 사회와 국가의 주인이 시민들이라는 교과서적 정의를 넘어서서 삶을 어느 시대와 어느 장소에서 공유하며 언어와 삶을 함께 하는 이들이 자신들의 사회성을 정한다는 의미를 갖는다.

인간의 긴 역사를 보는 여러 관점이 있겠지만 민주성을 그 중심에 놓고 보는 시선도 가능하다. 기원전 5세기 전후에 수백 년간 민주주의를 했다는 아테네는 같은 그리스인들인 스파르타와의 내전 패배에 이어서 마케도니아 왕국의 점령으로 민주의 서막을 내린다. 민주주의의 퇴장 직후 이를 기억하는 유민들이 각지에서 회복 운동을 벌이나 왕국들이 보낸 군대에 번번이 실패하여 민주주의는 마침내 종적을 감춘다. 이후 역사는 헬레니즘 시대의 왕권과 중세의 기독교와 교황 시대를 지난다. 그리고 우리는 중세 말에 교황권과 세속권의 격렬한 충돌을 알고 있다. 이 충돌 뒤 현실세계의 주인은 왕이 차지하며, 그것도 절대왕권으로 말이다. 왕이 왕인 근거는 스스로 주어진다는 것이다. 근대세계의 한복판인 18세기말 역사의 이러한 흐름에 대한 도전이 미국과 프랑스에서 최초로 펼쳐진다.

미국을 둘러싼 온갖 비판이 전 세계에서 이어지지만 미국은 사실 200여 년 전에 유럽의 난민들이 미국에 와서 고대 아테네 이후 최초로 '왕 없는 국가'를 건설한 데에 역사적 정체성이 있다. 부시 정권 시기에 특히 제국주의라는 비난을 많이들은 미국이지만 그 나라의 정체성은 실은 민주주의에 있다. 홉스봄이라는 역사가는 말한다. "1830년대에 가난한 유럽 사람들의 꿈의 고향이 되기 시작한 미국으로 건너가는 이유로 이들은 '거기엔 국왕이 없다'는 점을 들었다."

이렇게 민주주의를 아테네 이후 최초로 부활시킨 이 국가의 군대는 다른 국가들과는 상이한 모습을 보인다. 이라크 전쟁에서 미군 탱크에 매달려 가며 생생한 화면을 보여주는 CNN 기자는 이의 상징이다. 이는 분명 상업적이기는 하다. 하지만 이 상업방송은 미군을 전쟁에 파병한 미국이라는 사회에 미군의 전투 장면과 양상을 미국 공동체에 보여주며, 공동체의 전쟁 결정과 전쟁 간의 지속적인 사회적이고 정치적 논의의 장을 확보하여 준다. 국가의 민주적 성격이 군대와 전쟁에 최소한 어느 정도는 스며들 통로를 마련하고 있는 셈이다. 물론 미국을 두고 과거의 여러 제국들과 다르지 않다고 비난할 준비가 되어 있는 여러 식자들도 있지만, 미국은 최소한 과거의 제국들과는 달리 최소한 어느 정도는 민주성에 기반한 국가이다. 그래서 그들은 제국주의적이라는 비판에도 불구하고 지금의 역사를 선도하고 있다.

오늘날 미국의 패권은 핵무기 등과 관련한 데에만 있지는 않다. 과거 소련이 무너진 것은 미국보다 핵무기가 적어서 무너진 것은 아니었다. 소련의 해체는 많은 핵무기로 무장한 사회도 그 사회의 근본적 구조가 이 시대의 근본적 지향과 어긋날 경우 무너진다는 가르침을 준다. 90년 전후 개혁과 개방을 외친 당시 서기장 고르바쵸프의 외침이 소련에서 이해되고 실현될 때 소련은 민족과 언어 공동체의 자결권을 기반으로 분할된다. 그리고 이제 크림반도의 합병은 자신들의 이전 분열 원리에 의거하여 이루어진다. 이 시대의 민주적 지향성과 어긋나서 무너진 소련을 이어받은 러시아는, 이번에 크림반도를 합병할 때는 주민투표라는 자신들의 과거 결함을 기반으로 다시 일어선다. 사회주의 소련에서 무엇이 이 시대에서 비정상이었는지, 소련 해체 이후 우크라이나에서 무엇이 이 시대에서 비정상이었는지를 알아내고 이를 정상화시키는 과정이 현재 진행되고 있는 것이다.

왕 없는 국가, 미국이 등장하고 이에 일조한 왕국 프랑스는 20년쯤 뒤에 혁명에 흔들린다. 이 혁명은 대개 대혁명이라 칭해진다. 명칭이 격상된 만큼 프랑스의 18세기 말부터의 혁명은 혁명의 진행시기에 유럽 전역에 그리고 19세기 전반부에는 중남미 전역에 영향을 미친다.

역사를 조금 들여다보자. 1789년부터의 대혁명은 하나의 드라마쯤에 해당하는 온갖 파행을 드러내며 그 시대 및 그 이후의 시대에 지속되지만, 혁명의 초기 수십 년간의 추이를 보면 그 혁명은 기존 신분제 사회에 대한 지식인 및 상업자본가들의 도전의 승리로 일단 귀결되며 이는 주로 이들의 자유 이념 성취이다. 자유, 평등, 박애라는 대혁명의 이념 중 박애는 공화주의 기치의 프랑스 이외 세계로의 전파가 나폴레옹의 몰락과 함께 중단되어 미완의 과제로 남는다. 또한 평등은 이른바 상퀼로트의 주장이 그 시대에 지식인 및 나폴레옹에게서 탄압받으며 표면적으로는 사라지고 아울러 일정 시기동안 중단된다. 이 세 이념 중 자유만이 18세기말부터의 엎치락뒤치락하는 사태 전개에서 살아남아 혁명의 일차적이고 유일한 성과로 남는다. 자유 이념은 산업혁명과 함께 하여 하나의 분명한 성적표를 역사 전개에 알리며, 이에 따라 자본가 및 지식인들이 신분 사회에서 탈출한다.

하지만 역사는 산업혁명과 결합한 자유주의의 몇 십년간의 성장 뒤 이에 대한 반발을 준비한다. 바로 마르크스의 과학적 사회주의다. 알려진 대로 엥겔스는 마르크스 추도사에서 다윈이 존재의 생물학적 진화의 원리를 밝혀낸 것처럼 자신의 친구 마르크스는 인간 사회, 인간 존재의 과학적 진화의 법칙을 밝혀냈다고 밝히고 있다. 이 사회주의는 자유주의에 대한 반발로 등장한다. 어떻게 보면 자유주의와 사회주의는 하나의 이념적 쌍이다. 서로가 서로를 요구하는 셈이다. 당시 역사의 이 모든 전개에서 분명치는 않았지만 그 뒤 점차로 그리고 20세기 후반에는 가속해서 나타나는 움직임이 바로 민주주의이다. 당시의 자유주의는 오늘날 어색하게도 자유민주주의를 외치며, 사회주의는 소련 및 동유럽에서는 민주적 요소가 없어서 쇠퇴하기도 하고 다른 일부에서는 적극적으로 민주를 담아 사회민주주의이기를 오늘날 주창한다. 이렇게 도달한 사회민주주의의 성격과 운명에 대한 온갖 논란과 해설이 있기는 하지만 이전의 사회주의와는 달리 과학적이기를 요구한 마르크스의 사회주의에서 핵심은 과학과 사회주의이다. 그러면 사회민주주의는 달리 표현하면 '과학적 민주주의' 정도로 표현될 수도 있겠으나 이는 상당히 이해 불가능하다.

분단된 우리 사회만이 아니라 오늘날 전 세계도 금융위기 이후에 더욱 이념적 방향성을 놓고 고민한다. 인간 사회의 앞날을 제시하려는 이념은 오늘날 대개 자유주의, 사회주의 그리고 민주주의 정도이다. 프랑스의 대혁명은 인간을 최소한 신분제 질서에서 해방되는 자유를 구체화시킨다. 대혁명의 이념 가운데 유일하게 자유만을 실현했다고 그리고 그것도 자본가와 지식인들의 자유만을 보장했다고 일관되게 비판한 인물이 마르크스이며, 19세기 중반의 주로 이론적이고 학문적인 이러한 노력은 이후 20세기에 접어들어 현실 사회를 지배하는 주요 이념으로 성장한다. 그 결과가 20세기 초 서유럽에서의 사회주의 정당의 약진이며, 이의 정점에 소련의 등장이 있다.

미국과 프랑스가 선도하고, 이에 맞추어 대체로 진행되던 유럽과 일부 세계의 흐름에 다른 양상을 보인 나라가 그런데 제정 러시아, 소련, 오늘의 러시아였다. 즉 인간 역사의 전체적 흐름에서 거의 항상 뒤쳐진 모습을 보인 나라가 러시아 지역이었다. 제정 러시아는 정치 구조, 그 하나만 빼면 무척 의미 있는 나라였다. 19세기의 러시아는 문학, 사상, 미술, 음악 등에서 일류 국가였다. 우리는 떠올려볼 수 있다. 온갖 걸출한 인물들이 짜르 체제의 러시아에서 배출되었다. 또한 러시아의 짜르는 공화국 이념의 나폴레옹 군대가 유럽 전역을 휩쓸 때 당시 유럽의 기존 질서와 가치를 지켜준 최후의 보루였다. 러시아의 활약 덕분에 19세기 초반 역사는 메테르니히 제체의 복고주의를 경험한다. 모든 것을 프랑스대혁명 이전으로 되돌리기가 마리 앙투아네트의 친정 국가였던 합스부르그 제국의 지휘 아래 펼쳐진다. 18세기말 프랑스대혁명 시기에 구체제를 지켜낸 러시아는 이제는 20세기 2차대전에서 나치 독일도 스탈린그라드 전투에서 막아낸다. 한 번은 구체제의 지속에 기여하고, 다른 한 번은 그 체제에서 벗어나기 시작하는 유럽의 새로운 질서에 대한 이단아를 막아선 것이다. 사실 구소련의 거품과 정체성은 여기에 있다. 문학, 사상, 예술의 발전에도 불구하고 이 모든 것을 아우르는 사회 성격이 각 분야의 발전에 미치지 못할 때 그 공동체는 무너진다는 가르침을 제정 러시아, 사회주의 소련은 알려준다.

　유럽에서 가장 늦은 국가인 러시아는 가장 빨리 사회주의 혁명을 수행하고 이를 지속시킨다. 사회주의는 민족, 종교, 언어 등의 인간 사회의 여러 다른 점, 갈등 등을 계급으로 용해시키려는 체제이다. 사회 발전이 가장 늦었던 제정 러시아에 저항하여 스위스에서 10년 이상 망명한 레닌은 조국 러시아에 사회주의적 해법을 제시하고 소비에트 연방공화국을 연다. 이 체제는 인간 삶의 저변에 흐르는 종교, 민족 언어의 상이성을 계급성으로 제어할 수 있다고 믿는다. 바로 여기에서 반세기 정도의 존속으로만 귀결되는 구소련이 설명된다. 소비에트 연방공화국의 20세기 행적은 사회주의가 해법인 듯 보였지만 정작 해법은 사회주의적 계급성으로도 해소가 되지 않는 이 시대의 본성이 작용한다는 것을 보여준다. 언어, 민주, 민족 등으로 함께 표현될 수 있는 가치가 그 본성이다.

채워지지 않았던 것을 채우려는 19세기 말과 20세기 전반기의 갈등을 뒤로 하고 이제 세상은 이를 채우기 시작한 것이다. 채워야만 하는 것을 채워야 한다는 것을 인간이 최종적으로 수락한 것은 2차대전이었다. 2차대전은 근대적 질서의 핵심인 제국주의의 종말을 몰고 오며, 제국주의의 대안으로 민족자결주의를 내세운다. 이는 국제정치의 시각에서이다. 이는 공동체 내부의 시각으로 보면 민주주의이다. 2차대전 뒤 민족자결주의의 물결 속에 민족과 언어 공동체가 왜 공동체인지를 하나의 공동체에서 살아가는 시민들이 직접 묻고자 한다. 공동체인 근거를 여기서 살아가는 인간들이 묻는 단계로 인간 역사가 접어든 것이다. 공동체에 시민 각자의 의지와 의견이 반영되어야 하는 것이다. 프랑스대혁명 시기부터의 자유주의와 이의 반발로 등장한 사회주의가 상호 충돌하며 구축해 온 세계 질서에 20세기 중반부터 민족자결주의가 대세를 형성하며, 이제 내가 살아가는 공동체는 왜 공동체인지를 묻는 시민들이 등장한다. 인간 사회는 새로운 방향을 잡아가고 있는 것이다. 이는 바로 민주적 방향성이다.

미국을 제국주의라고 비판은 하지만 미국의 힘은 제국주의 말고도 근대가 지니지 못했던 민주주의라는 힘에서 연유한다. 민주적으로 더 나아가는 미국은 제국주의라는 전 세계의 비판에도 불구하고 더 나갈 것이다. 민주적 미국을 상징하는 하나의 대표적 징표가 오늘날 존재한다. 백인이 60%가 넘는 이 나라의 대통령은 백인이 아니라 흑인이다. 만약 인간이 현재도 집단주의나 인종주의, 민족주의에

머물러 있다면 흑인 미국 대통령은 탄생할 수 없다. 그런데 그 흑인
은 미국의 대통령이다. 이렇듯 현실의 전개 그리고 이 시대의 힘은
어떤 하나의 방향성을 보여주고 있다. 그건 민주주의이다.

  오늘날은 이 오늘을 전하는 언론도 내가 몸소 평가하고 그 뉴스가
무엇을 말하는지 생각해 보아야 하는 시대라 여겨진다. 언론사의 뉴
스 모두가 뉴스는 아니라 보인다. 그런데 최근 한 언론사의 기사는
이런 말을 전하고 있다. "크림은 누구의 것일까. 영유권을 가진 우크
라이나의 것일까. 주민의 60%를 차지하는 러시아의 것일까. 아니면
그곳에서 오랫동안 살아왔고 학살과 핍박을 견디며 지금도 인구의
10% 남짓을 차지하는 이슬람계 타타르족의 것일까. 아마도 지금 그
곳에 살고 있는 그들 모두의 것이 아닐까." 지금 그곳에 살고 있는
그들 모두는 실은 그들 가운데 절반 넘는 의사를 두고 하는 말일 것
이다. 과반수의 민주성, 그 정도만의 합리성에 인간은 현재 도달해
있다. 이도 왕조 시대, 제국주의, 전체주의 등에 비교하면 질적인 발
전이다. 물론 질적인 절반이라도 되는지를 묻는 이들에게는 별로 할
말이 없다. 1인1표라는 제도는 모든 인간들의 지성적 차이를 감안하
면 너무 혁명적인 제도이지만, 이것 이외의 기준이 없다는 것을 합
의한 시대가 지금이라는 생각에서 이 시대에 존경의 마음도 표하고
싶다.

8 금융, 산업 그리고 독일

  벌써 몇 년째 유럽의 경제위기가 지속되고 있다. 그리스부터 시작
하여 스페인, 이탈리아 등을 거쳐 최근에는 그 작은 분단국 키프러

스까지 뉴스의 중심에 있다. 햇살이 쏟아지는 그래서 북부 유럽인들이 휴가를 보내고 싶어 하는 남부 유럽이 휘청대고 있는 것이다. 그러면서 독일의 돈 메우기가 계속되고 있다. 그 대신 요구되는 구조조정을 두고는 남부 유럽인들의 느긋한 점심을 독일이 빼앗아 가려 한다는 아우성도 들린다. 심지어 '독일 공포증'이라는 제목을 단 뉴스도 등장한다. 위기가 몇 년째 남부 유럽에 확산되면서, 위기와 이에 대한 대응은 이제 하나의 패턴을 보여주는 단계에까지 이르렀다. 독일은 돈을 내며 긴축을 요구하고, 지원을 받은 이들은 이에 반감을 보이고, 독일은 '돈 내는 건 우리뿐'이라며 억울해 한다. 그러면서 시선은 독일에 자꾸 쏠린다.

금융위기에 비교적 잘 견디는 독일을 보고 사람들은 독일하면 떠오르는 근검절약을 생각하기도 한다. 그렇기도 할 것이다. 물이 쏟아지는 수도꼭지 아래에서 설거지를 차마 하지 못하는 독일 할머니들은 독일인들의 근검의 상징일 것이다. 하지만 필자는 독일에서 90년대를 보내면서 1마르크 이하의 소액 동전들이 화장실 변기에 투척된 장면을 여러 번 보았다. 독일인들의 근검이란 사실 그들의 역사적 삶 속에서 실현된 것이지, 이를 게르만 민족의 유별난 본성으로 보는 것은 민족과 국가의 성격을 지나치게 하나의 가치로 잡으려는 '과잉 해석'일 것이다.

20세기 독일 역사를 보여주는 장면들을 차례대로 떠올려보면 이렇다. 늦은 통일국가, 늦게 발동한 제국주의 야욕, 먼저 달려간 세력과의 갈등, 1차대전과 패전, 바이마르 공화국의 어설픈 자유주의가 찍어낸 리어카에 가득 실린 독일 화폐 더미, 배상금에 대한 울분과 피할 수 없는 내핍 생활, 이의 탈출구였던 히틀러 체제, 그리고는 또 한 번의 몰락, 두 번의 도전이 실패한 국가에 말하자면 '연전연패의

늪에 빠진 국가'에 가혹하게 몰아닥쳤을 궁핍, 이 속에서 잉태된 라인강의 기적 등으로 말이다. 19세기 말부터 20세기 중반 정도까지의 그들의 삶은 같은 시기에 잘 나가던 영국이나 미국과는 달랐다. 립톤 티백을 생산하며 개인 소비시대를 새로이 열어가던 영국의 20세기 초, 수백만 대의 자동차가 캘리포니아 지역에 굴러다니던 1940년대 미국처럼 독일은 살 수가 없었다. 바로 이런 시대에 던져진 독일인들에게 근검절약이란 자신들의 취향이나 선택의 문제가 아니라 자신들의 역사적 삶에서 유래한 필연적 현상일 것이다.

오늘날 독일인들도 누구나처럼 놀기를 원한다. 90년대 몇 해를 거기서 보낸 필자는 연말이면 다음 해 여행상품을 선전하는 책자가 곳곳에 뿌려지는 것을 보았다. 그들은 한 해가 지나갈 즈음이면 세계 지도나 여행사의 안내 책자를 보며 다음 번 휴가 때 어디를 갈까를 생각하는 사람들이었다. 독일인들이 노동의 결실인 돈을 휴가 몇 주 동안 쓰는 재미로 살아가는 것을 우리는 세계 곳곳에서 지켜볼 수 있다. 휴가철 방콕에서 베를린으로 향하는 대형 여객기는 피크 타임에는 거의 몇 분 단위로 뜬다. 그들 가운데 일부는 그들에게 아주 먼 나라인 이곳까지도 날라 와서는 인사동을 걷는다. 절약은 분명 그들의 지난 삶의 과정에서는 요구되었겠지만 과거의 영국, 미국만큼 성장한 그들의 현재 모습은 아니라는 생각이다.

독일의 도약을 보며 어떤 사람들은 독일의 저력이 철학과 음악 그리고 기초과학에 상당 부분 기인한다고 여길지도 모른다. 과거에 그들은 분명 철학과 음악의 나라였으며 물리학, 화학 등에서 첨단을 달렸다. 어느 역사책에서 보니 독일은 교수들의 나라였다고 써 있었다. 과거의 독일에는 맞는 표현이다. 하지만 독일은 최소한 20세기 중반 이후에 더는 그런 나라가 아니다. 칸트, 헤겔, 마르크스 등을 배출한 당시의 독일은 이웃 나라 영국과 프랑스 등이 사회 발전을 거리에서 그리고 의회에서 격렬하게 논하고 다투던 그런 나라일 수가 없었다. 황제와 비밀경찰은 여전히 막강하였다. 거리에서 실현되지 못하는 인간의 가치, 더 좋은 사회를 향한 인간의 열정은 그대로 교수 연구실에서나 머릿속에서 터를 잡을 것이다.

또한 19세기 말에나 찾아온 늦은 통일은 역사의 오랜 기간 동안 고전 음악가들의 좋은 활동터전을 마련해준다. 그 많은 독일 내 영방국가들의 왕실과 귀족들은 음악을 업으로 하는 이들의 치열한 창작 활동을 가능하게 한다. 철학과 음악의 나라라는 독일의 이미지는 실은 후진적 독일 사회가 낳은 것이다. 독일이 비교적 정상적인 국가의 대열에 들어선 20세기 중반 이후 예전과 같은 스타급 철학자나 음악가는 잘 보이지 않는다. 있다면 대개 20세기 중반 이전의 전통에서 유래하는 것으로 보인다. 기초과학의 강점 또한 과거 독일의 진정한 모습이었다. 그 유명한 물리학자들은 대개 독일인, 독일어를 쓰는 학자들이었고, 화학, 수학, 의학 등의 전통도 대단하였다. 그 대단한 역량은 그런데 히틀러시기를 지나며 독일에서 점차 소멸되고, 기초 학문의 지배력은 미국으로 넘어간다. 자연과학 분야의 특급 학자들이 대개 미국으로 이주해 버린 것이다. 오늘날 거의 모든 분야의 지식은 미국 쪽에서, 영어권에서 쏟아져 나온다. 이는 대략 독일 인문학, 예술, 과학이 20세기 중반을 기점으로 예전과 같지 않은 모습을 보일 때부터의 현상이다. 따라서 오늘날의 독일은 더 이상 과거의 학문적 우수성을 연상하며 바라보기는 어렵다는 생각이다.

그러면 무엇인가? 현재의 금융위기, 경제위기에서 발휘되는 독일의 힘은 어디서 나오는 것인가? 이에 대하여 어떤 이들은 통일독일을 언급하기도 할 것이다. 낙후된 동독을 지원하느라 위기 대처 능력이 길러졌다고 하기도 하고, 또한 독일이 통일로 유럽에서 가장 많은 인구를 가지게 되었으며 이에 탄탄한 내수시장이 형성되어 있다는 이야기도 들린다. 하지만 한때 독일 사회의 이방인으로 살아가던 필자가 보기에 독일의 통일이 오늘날의 독일에 기여한 점은 통일 자체보다는 1990년 통일 이후의 이른바 사회 전개 과정에 있다.

통일은 일단 하나의 목표 달성이나 그 이후, 통일의 내용은 하나의 새로운 사회 건설이다. 낙후된 동독 지역을 서독이 지원해야 통일은 내용적으로 채워질 수 있다. 부가가치세가 오르고 소득세가 오르며 시민들은 힘들어 하고, 공무원인 버스 기사들은 파업에 나선다. 이에 독일은 그 유명한 고속도로인 아우토반에도 손을 대려 한다. 고속도로 요금을 거두어서 비어가는 재정을 메우고 싶은 것이다. 90년대 내내 독일은 이 논란에 휩싸인다. 고속도로 요금을 거두는 방법은 사실 두 가지 밖에 없다. 그 하나는 모든 차를 세워서 요금을 징수하는 것이고, 다른 하나는 우리나라의 하이패스처럼 자동으로 징수하는 방식이다. 그런데 전자는 톨게이트 정체를 피할 수가 없으며, 후자는 시민들의 통행 기록이 남는다는 문제를 안고 있다. 이 두 가지 문제에서 고민을 거듭하던 독일 사회는 요금을 받고 싶은데도 지금도 받지를 못하고 있다. 독일은 유럽의 중앙에 위치하여 동서남북 유럽의 교통량을 흡수하는 나라이다. 이런 나라의 고속도로를 지나는 다른 나라의 차량들이 내뿜는 매연 때문이라도 환경부담금 정도는 쉽게 걷을 수 있을 터이다. 이런데도 받지를 못하는 독일 정치와 독일 사회를 보면서 우리는 답답함을 느낄지도 모른다. 그러나 이러한 논란을 거치며 독일 사회는 나를, 나의 존재를, 나의 사생활을 위하는 사회라는 쪽으로 급속히 다가서게 된다. 하나 된 국가의 건설을 위하여 국가의 주인인 시민들의 희생과 인내가 주로 강조되는 그런 일이, 내용적 통일 과정에서 최소한 고속도로 통행료 징수 문제에서는 발생하지 않은 것이다. 반면 과거의 그들은 총통의 지휘 아래 뭉치던 이들이었다.

그러면서 히틀러 체제가 보장하던 그 탄탄한 일자리와 사회보장 망으로 뭉치던 과거의 독일과 결별하여 간다. 시급한 통일 비용에도 불구하고 아우토반 통행료를 징수하지 못하는 독일은 나약한 것이 아니라 사회와 그 속의 인간들에 대한 관계에 대하여 자신들의 이전 역사와는 다른 인식과 표상을 심어준다. 그러면서 인간 개인들은 사회와의 관계에서 지구상의 다른 곳보다는 그래도 나와 사회의 관계를 가깝게 인식하여 간다. 나의 이익과 사생활이 국가의 관점으로만 처리되지 않고 나의 존재도 들어설 수 있는 순간 이 사회는 나의 삶이, 나의 성실한 노동이 투사될 수 있는 곳으로 변모할 수 있다. 독일인들은 통일 이후의 사회적 논란에서 과거와는 다른 면모를 보여준 것이다. 역사의 단절을 수행한 것이다.

인간의 지난 수백 년간 역사에서 지배적인 영향력을 행사한 몇 나라를 보면 나라마다 역사 청산이나 단절의 스토리가 각각 있음을 짐작할 수 있다. 19세기 말 지구 지표면의 4분의 1을 지배하던 영국은 남들보다 먼저 명예혁명 등의 사회개혁에 휩싸인다. 미국도 넓게 보면 그렇다. 유럽에서 주로 종교적, 경제적 이유로 탈출한 이들이 새로운 땅에서 국가를 만들 때 이들은 이미 역사의 단절을 감행한 것이다. 탈출 그 자체가 이미 단절이고, 이어서 '왕 없는 국가'를 200년 전쯤 만든 일도 또한 전통과의 단절이다. 비교적 느낌이 있는 나라라 인식되는 프랑스도 대혁명 등의 시기를 거치며 단절을 경험한다. 독일에게 그 단절은 늦게 온다. 독일은 뭐든 늦게 하나 보다. 그러고 보니 남경태라는 작가가 '역사를 앞서 간 이들은 핍박을, 조금 늦게 출발한 이들은 보너스를 받는다'는 뜻의 통찰을 어느 역사서에 적어둔 것이 떠오른다. 독일의 아픈 단절은 2차대전 패전 직후에는 서독 지역에서, 이어서 통일시기에는 독일 전체에서 이루어진 것이다. 따라서 과거의 독일과 단절한 서독 그리고 이어서 그러한 통일독일의 등장이 한 사회의 넓은 차원의 그리고 문화적 차원의 자양분으로 작용했다는 것은 충분히 짐작할 수 있는 일이다.

  하지만 이러한 문화적이고 광범위한 접근이 오늘날의 경제위기에서 두각을 보이는 독일을 충분히 설명해 주기에는 역부족이다. 경제위기 시대에 독일의 오늘을 직접적으로 조명해줄 중요한 관점은 한 사회의 기나긴 역사 흐름 안에 놓인 통일 요인보다는 현재의 위기가 정확히는 금융위기라는 점에서 열릴 수 있다. 현재의 경제위기의 본질은 금융위기이다. 지금은 1930년대 경제 대공황 시기도 아니고 70년대 오일쇼크 시기도 아니다. 지금 세계는 과학기술과 인간 지성이 낳은 경제발전과 사회발전이 유럽 지역 등에서만 이루어지는 단계를 지나 지구의 다른 지역으로 급속히 확산되는 단계에 있다. 특히 경제 영역은 20세기 말엽부터 유럽, 미국 등의 일부 세계를 넘어서 드디어 전 세계로 확산되어 발전하는 단계에 있다. 경제발전의 혜택을 보다 많은 지구인들이 누리기 시작하는 그 시점에서 위기는 실물경제 자체에서가 아니라 금융에서 터진다. 사람들은 석유, 금, 곡물 심지어 참치까지 가격이 오르자 이를 위기의 한 징후로 보기도 한다. 하지만 이른바 상품 가격의 상승은 금융위기 이전부터의 추세였다. 석유나 금은 과거 전 세계 수십억 인구 중 잘 해봐야 10% 내외의 사람들이 주로 사용하는 물건이었으나 이제는 그렇지 않다. 무엇보다도 중국과 인도의 그 많은 여성들이 금 목걸이와 팔찌를 원한다. 석유와 금 가격의 상승은 어떻게 보면 중심부 이외의 세계 많은 지역의 발전을 알려주는 지표이기도 하다. 이렇듯 세상은 경제적으로 발전하는 데 위기가 금융에서 터진 것이 현재의 모습이다.

독일은 우리가 알듯 제조업 중심의 국가이지 금융이 강한 국가는 아니다. 바로 여기에서 금융위기 국면에서 독일이 왜 잘 버티는지가 설명될 수 있다. 금융 부문에 집중한 그리고 금융 부문이 부실한 국가들이 오늘날 주로 위기에 빠져 있지, 그렇지 않은 국가들은 비교적 선방하고 있다. 이러한 현상에서 우리는 현재 진행되고 있는 경제위기가 우리들에게 아주 기본적인 점을 발언하고 있음을 알아차릴 수 있다. 언제부터인지 가수와 작곡가가 아니라 음원의 유통이 음악세계를 지배하기 시작하였다. 이렇게 형성된 현재 한국 가요계는 걸그룹과 '가요무대'가 양분한 인상이다. 한쪽은 몸과 율동을 보여주고, 다른 한쪽은 과거의 향수를 현재화한다. 거기에 현재의 노래 생산자는 잘 보이지 않는다. 농민들도 돈을 벌려 비닐하우스도 설치하여 노력하나 정작 돈은 유통이 벌어가며, 나아가 농민들에게 시설 자재를 공급하는 농촌 지역의 자재상 운영자들은 대개 에쿠스를 타고 다닌다. 또한 지식 자체보다는 지식의 유통과 판매가 산출될 지식의 성격을 결정하려 드는 현대 사회의 장면들도 곳곳에서 보인다. 지식, 의견, 글을 유통하여 먹고 사는 언론과 출판계는 유통에 그치지 않고 저 지식과 의견도 지배하여 대변하려 든다.

생산을 유통이 장악하고 제조업을 금융이 좌지우지하는 것이 현재 위기의 핵심이다. 널리 보면 이는 자본주의의 맹점이기도 할 것이다. 이는 무엇이 근본인지, 무엇이 경제발전과 사회발전의 기본인지를 생각하게 만든다. 돈의 흐름을 주로 추적하던 이들이 돈이 반영하는 실질 생산물을 경시하고 금융만을 지켜본 죄를 세계는 현재 금융위기라는 이름으로 치르고 있는 셈이다. 오늘날의 금융위기는 주기적 위기만이 아니라 경제위기의 근본 원인이 무엇인지를 깨닫게 하는 촉매제이기도 하다. 독일의 사례는, 제조업이 중심인 국가가 그것도 전 세계 선진국 가운데 제조업이 여전히 막강한 나라가 위기를 잘 넘기고 있음을 보여준다. 기본에 충실해야 하는 것이다. 유통이, 금융이, 언론이 각각 생산자, 실제 노동자, 지식과 의견의 세계를 장악하는 곳에 늘 위기가 있을 수 있다는 것을 오늘날의 독일 경제는 보여준다.

인간의 긴 역사를 보면 세상은 현재 평화의 시대이다. 안타깝게도 한국의 언론에는 전쟁이라는 단어가 자주 묻어나지만 세계 그 어디에도 지난날 인간의 역사가 자주 보여주었던 그런 참혹함은 없다. 기아도 극히 일부 지역을 제외하고는 없다. 세계는 앞에서 말한 대로 더 많은 이들이 석유로 움직이는 자동차를 원하고 금으로 치장하기를 원하는 시대로 진입해 있다. 이 실질적 삶의 흐름을 자본으로, 자본의 흐름으로 주로 보고자 하는 것은 유통이 물품 생산을 지배하고 금융이 제조업을 지배하고 음원 판매업자가 가수를 지배하는 것과 마찬가지로 원론적으로는 뒤집어진 세계이다. 원론이 들어맞지 않는 때도 많다. 하지만 원론은 발언하는 때가 온다. 원론은 원론인 것이다. 현재의 금융위기는 금융으로 실물이 지배되지 않는다는 원론적 깨달음을 인간에게 알려주고 있다. 20세기에 두 차례의 처절한 패배 뒤 과거와 단절하여 등장한 서독 및 통일독일의 스토리는 비록 그들이 뒤늦게 열강으로 진입한 탓에 금융계의 큰손일 수는 없었지만 바로 그 덕분에 오늘 그들은 금융위기가 초래한 경제위기 시대에 산업기술과 함께 하는 제조업으로 버티고 있는 것이다.

이러한 글을 적으며 떠오르는 독일 철학자 한 명이 있다. 19세기 말 당시의 세상에 강의로 책으로 떠들어도 듣는 이, 이해하는 이가 아무도 없어 40대 초반에 이미 <이 사람을 보라>는 자서전까지 내서 내 말 좀 들어보라고 외치던 니체, 그는 외롭게 그리고 미쳐서 1900년 세상을 떠난다. 그는 무슨 말을 하고 싶었던 것일까? 철학 전문가들은 니체의 학문을 두고 '해체와 구성의 철학'이라는 고상한 이름을 붙인다. 서양문명은 고대부터 19세기 당시까지 니체가 보기에는 거대한 문제를 안고 있었다. 문명세계는 진리를 구하고 도덕을 세우려 하고 나아가 이 인간세계가 도대체 무질서한 세계가 아니라면 그 질서의 원천을 종교에서 구하려 한다. 여기까지는 대략 동의할 수 있다. 그런데 문명세계가 구하는 진리, 도덕, 종교는 본래 인간현실, 인간의 삶에서 나와야 하며 최소한 삶을 억압하거나 왜곡하면서까지 추구되면 그건 더 이상 문명이 아니다. 니체는 인간문명이 그간 추구해온 진리와 도덕은 실은 삶을 억누르며 삶을 파괴하며 만들어진 것이 아니냐고 세상에 대고 외치고 싶다. 효도의 실현은 며느리의 헌신과 희생에 주로 달려있다. 이 결과 효도라는 도덕이 인간 삶을 제어한다. 거꾸로다. 마찬가지로 금융이 산업을, 실물경제를 제어하는 것은 본말이 전도된 것이다.

제조업이 약해지고 제조업 분야 일자리가 국내에서 창출되지 않는 국가들이 금융이나 관광에 산업이라는 이름을 붙이고 이에 몰두하곤 한다. 20세기 중엽부터 영국이 위기에 빠질수록 그 금융부문에서 타개책을 구해왔다. 미국도 최근 수십 년간 완만하게 이러한 추세에 있던 나라였다. 그러면서 금융도 하나의 산업이라는 이름도 붙이고 말이다. 금산분리의 원칙은 없어졌나 보다. 금융이 산업이려면 무엇을 만들어내야 한다. 금융이 만드는 것은 많은 이들에게 수익과 편한 일자리로 보여 이들을 열광하게 만들었다. 하지만 금융은 금융이다. 금융회사와 제조회사의 매출은 대차대조표에서도 아주 다르게 이해되어야 한다. 금융은 실질가치의 수치화에 기반한다. 그 실질에 따라 금융이 움직이는 것이 정상이다. 그런데 거꾸로 금융이 실질을 결정하려 들고 실질을 좌지우지할 때 위기는 도래한다. 전도된 것이다. 독일의 오늘날의 성공은 독일의 뒤늦은 역사 전개로 그나마 그 순서를 바꿔치기하지 않은 데서, 아니 독일 역사 안에서 냉정하게 보면 바꿔치기할 시간이나 기회가 없었던 데서 오는 후발자의 보너스 덕분이다.

9 세월호 사건, 우리를 생각하게 한다

재난은 대개는 어느 순간에 발생한다. 세월호 침몰도 그 어느 순간에 발생하였다. 하지만 다른 사건과 달리 그 불행한 사건은 한 달여가 지난 지금까지도 이어지고 있다. 침몰한 배에 갇힌 300여명 실종자들의 시신이 시간을 두고 서서히 인양되어 왔으며, 아직도 10여명의 실종자가 남아 있다. 비행기 사고나 지하철 사고가 났을 때 사고 자체는 며칠이면 종결된다. 세월호 사고는 이와는 달리 여전히 진행 중이다. 현재 궁지에 몰린 해경이나 정부는 새로운 인양 소식이 더는 없는 상황 즉 모든 실종자들을 다 꺼내는 것이 역설적이게도 궁지에서 그나마 탈출하는 길일 것이나 이는 그런데 너무너무 늦었다. 오래 이어지는 재난 현장을 보며 한국인들은 말 그대로 현재 사색하고 있으며 자신을 그리고 자신의 사회를 반추하고 있다. 빠르게 종결되지 않는 그 불행한 사건이 뭐든 '빨리빨리' 한다고 여겨지던 한국인들을 한 자리에, 하나의 주제에 계속 잡아놓고 있다.

우리 모두를 그 사건에 몰입하도록 만드는 요인은 실종자들의 더

딘 인양 외에도 그 스마트폰에 있다. 승객이 카톡에 남긴 가장 늦은 메시지가 10시 17분이었다는 사실은 현재의 통신기술이 없었으면 알려지지 않았을 것이다. 그 전송자는 그 시간까지는 살아 있었다. 우리는 그 뒤를 짐작하는 상상력을 그 문자 메시지 때문에 이어나간다. 그는 그 직후에 밀려드는 바닷물 앞에 서 있었겠지? 그가 메시지를 전송하는 상황은? 질문과 상상은 이어진다. 그러면서 카톡 메시지는 그 순간의 비극을 현재로 계속 전환시킨다. 살아있는 우리가 비극의 순간까지도 접하며, 카톡 메시지는 비극을 지속시킨다. 스마트폰에 찍힌 영상도 이와 마찬가지이다. 그 순간에 찍힌 영상을 우리는 그 영상을 찍은 이가 죽었다는 것을 알면서 본다. 불구경과 물구경이 '볼거리'였다. 이 영상은 그 이상이다. 과학과 기술의 발전이 마침내 보여주는 참극 현장이다. 이러면서 비극은 이어지고 곱씹어진다. 유가족들의 울분은 많은 경우 통신기술 때문에 그리고 덕분에 증폭되어 왔다. 메시지와 영상은 9시 몇 분전부터 10시 17분까지 그들이, 그들 중 일부가 살아있었다는 것을 분명히 알려준다. 통신기술이 알려주는 이 움직일 수 없는 사실 앞에서 해경과 저널리즘에게는 이제까지의 말이 통할 수가 없다. 해경은 그 10시 17분까지 선내 진입은 고사하고 탈출 방송도 혼신을 기울여 하지 않은 것에 대하여 할 말이 없다. 카톡과 스마트폰이 없었다면 사고 이후 언제까지 승객이 살아있었다는 것을 알 도리가 없다. 저널리즘 또한 스마트폰의 실시간 장면 전파력 앞에서 현장을 전한다는 미디어의 전달 기능에 대하여 할 말이 없다. 현장을 보도한다는 따라서 현장과 시청자의 중간에 선 미디어가 현장을 해경이나 정부의 뜻을 의식하며 전달하며 현장 보도에서 어긋났다는 비난이 언론에 쏟아진다.

연구하는 학자들에게도 1차 문헌에 대한 해독과 해설 능력이 그 무엇보다도 중요한 능력이다. 사실 이것 때문에 어느 분야의 전문학자는 전문가로 인정받는다. 회사는 직원을 채용할 때 면접을 하며 각종 서류가 말하는 것을 넘어서서 그 사람 자체를 보려 비용을 지출하며 면접을 진행한다. 언론은 그런데 이 사건으로 인하여 언론이 전한다는 현장이 실제 현장이 아니라는 비난에 직면해 있다. 기자들은 그러면서 희생자들이 촬영한 영상을 얻으려 분주하다. 그러면서 현장의 진실은 언론이 아니라 현장에 있었던 희생자들이 기록하고 사후에 보도되었다는 사실만이 알려진다. 언론이 아니라 스마트폰 영상이 진실을 담아 보도한 셈이다. 이러한 뜻으로 보면 많이 비참하게도 언론이 아니라 과학기술이 진실을 밝혀내며, 더 정확히는 과학자와 기술자가 아니라 이들의 발명품인 스마트폰 사용자이자 실종자가 진실을 밝혀내고 있는 셈이다.

이처럼 스마트폰 사용자의 촬영 영상, 카톡 메시지 그리고 더딘 실종자 수색이 그 비극을 한국인들에게 한 순간의 슬픔으로 지나가게 하지 못하고 있다. 달리 말하면 과학기술의 눈부신 발전을 활용하여 실종자는 기록하는데 국가는 과학기술로 무장하였을 텐데도 실종자처럼 반응하지 못한다는 이 간극과 모순이 우리를 그날 이후로 사색하게 한다. 현장을 기록하는 스마트폰 하나하나보다도 못한 사회를 그 사건은 노출시킨다. 스마트한 통신기기 한 대, 시민 한 명의 정의감보다도 못한 스마트함, 정의감을 국가와 사회가 보여준다고 그 사건은 알려준다.

우리라고 칭해지는 한국인들은 19세기말부터 한반도에서 살아오면서 인간 공동체가 처할 수 있는 모든 경우를 체험하며 그 안에서 살아와 오늘날에 이르렀다. 우리라는 한국인이 없어지는 경우만 빼고 말이다. 지난 백년 정도의 시간 속에서 우리는 왕조의 종말, 식민,

외세에 의한 해방, 공화정으로의 무의식적인 이행, 당시 세계의 냉전에서 초래된 분단과 전쟁, 가난, 경제발전과 박정희, 민주주의, 신자유주의 등을 주요 경유지로 지나고 있다. 여기에는 다 있다. 왕정에서 공화정으로, 식민지에서 해방으로, 가난에서 2만 달러로, 독재에서 민주주의로 말이다. 하지만 방향으로만 그렇다는 것이다. 국민이 주인인 시대로 갈 것이라는 이야기 정도이다. 우리 공동체의 이러한 흐름 속에서 세월호 침몰 사건은 발생하여 우리를 생각하게 한다. 이 사건의 진행은 우리를 멈추게 하여 텔레비전의 가라앉는 배와 구조자 숫자의 변하지 않는 현황을 우리에게 알려준다. 우리는 현재 그 안에서 살며 이 사건을 한 달여 되뇌이고 있는 중이다.

그러면서 뉴스가 쏟아진다. 그 많은 뉴스의 제목들은 아주 다양하다. 거기에는 해경과 언딘, 배의 선장, 신자유주의, 규제 개혁, 구원파, 정부, 언론의 행태, 자원 봉사 등이 조명되고 있다. 평소에는 함께 읽히지도 않을 내용들이 함께 읽힌다. 해경이라는 국가기관과 언딘이라는 기업이 함께 얽혀서 논란을 낳는 뉴스를 대하며 국가와 기업은 달라야 한다는 점을 읽어나간다. 기업은 이용자에게만 요금을 받지만 국가는, 해경은 모든 이에게 세금을 받아 존재한다. 국가 안의 기업이 사고를 치면 모든 이에게 세금을 거둔 국가와 국가기관이 그 기업의 사고를 처리하라고 보험금처럼 우리는 세금을 낸다. 세월호 관련 뉴스와 촛불시위에는 이러한 인식이 넘쳐난다. 국가는 무엇인가라는 질문을 우리에게 그 사건은 제기한다.

세월호 선장과 선원들의 범죄적 행위를 대하며 이들의 행위를 비난하기 이전에 이들도 계약직이었다는 우울한 사실에 우리는 신자유주의를 떠올린다. 90년대 말 경제위기 시대부터 많이 들렸던 그 현학적인 용어인 고용 경직성과 유연성이라는 말도 아울러 등장한다. 고용 유연성은 대한민국에서 제일 큰 배의 선장도 계약직이라는 현실을 의미한다고 승객들이 수장된 텔레비전 화면을 통하여 사람들에게 비극적으로 그리고 잊을 수 없게 교육한다. 90년대 말 경제 위기 이후 구축된 한국사회의 경제 분야 모습은 신자유주의다. 기업하기 좋은 나라가 일자리도 만들 것이라는 추정으로 이 나라는 골목도 바꿔나갔다. 골목 빵집은 대기업 브랜드로 새 옷을 입고, 카센터도 재벌기업의 영역으로 그리고 대학의 담장은 허물어지고 그 경계선에 사업체 건물이 들어서서는 장사를 한다. 교육의 공공성과 기업의 이윤 추구가 대학의 담장을 허물며 공존하며, 신자유주의가 무엇인지를 현장에서 알려준다.

신자유주의의 파고는 이것만이 아니다. 일본이 20년을 사용한 낡은 배를 그 회사가 수입하도록 당시 정권은 신자유주의의 모토 중의 하나인 규제 개혁을 기치로 법으로 승인한다. 수입하고 증축해서는 사람 많은 수도권에서 국내 최고의 여행지인 제주를 오가는 카페리로 그 20살짜리 배는 운영된다. 국내 여행을 하다가 가끔 타게 되는 배들은 왜 그리도 페인트는 덕지덕지 칠해져 있는지 궁금했는데 그게 풀렸다. 시내버스는 특히 서울의 간선 시내버스는 그래도 페인트를 덧칠하고 운영하지는 않는다. 중고차도, 중고선박도 덧칠한다. 20년이 넘은 배를 수입한 그 회사는 돈을 본다. 이 감각은 정말 부럽다. 수도권에서 마이카 시대에 내 차를 가지고 제주 여행을 하는 사업 아이템을 20년짜리 중고선박으로 개척한 경영자이자 신교 지도자가 있었다. 비행기 타고 가서는 대개 렌터카로 여행하던 제주도를 인천에서 출발하여 밤에는 불꽃놀이도 즐기고 작은 나라에서 장시간의 배 여행도 하고 이어서 마이카로 제주도를 여행하는 로망. 이를 그는 중고선박으로 이루어내고, 이를 정치는 법으로 가능하게 해준다.

이 모든 것은 배의 수명을 연장한 지난 정권의 규제 개혁으로 가능한 일이었다.

해경, 선장, 중고선박 말고도 온갖 뉴스에는 구원파라는 단어도 등장한다. 이 나라에는 종교의 자유가 있다. 가톨릭만이 아니라 신교의 자유도 있다. 가톨릭은 서양 근대 초에 루터 등의 비판에 직면하여 종교전쟁 및 종교개혁의 결과로 구교와 신교로 분열된다. 신은 하나이되 그 신을 믿는 종교는 두 개인 셈이다. 가톨릭은 그 이전이나 이후에도 교황청과 교황이 성서 해석을 주도하고 독점한다. 반면 성서 해석의 독점에 저항하여 모든 개인이 사제이고 자유로운 신도라고 선포하는 종교개혁가들에 의해 나타난 신교는 성서 해석을 모든 이에게 열어둔 셈이다. 정통과 이단은 언제든 나타날 수 있다. 신교 내의 이단은 예수 재림을 명시적으로 자신이라고 말할 때가 기준이라고 한다. 구원파는 "죄사함을 받으면 육신적으로 어떻게 생활하든 관계없다"고 말한다고 국민일보는 전한다. 그리고 이는 구원파를 이끄는 이들이 주장한다. 이를 보며 같은 신교파인 국민일보는 구원파라는 명백해 보이는 이단을 비판하고 밀어내면 낼수록 자신들은 정통일 것이라 여기고 있다는 생각을 한다. 세월호 침몰 사건은 오늘의 우리에게 종교란 무엇인가도 생각하게 만든다. 거기에는 종교, 해경과 국가, 선장, 신자유주의, 규제 개혁, 언론 등이 주역으로 등장한다. 오래 지속되는 그 사건으로 우리는 이 모두를 주제로 올리고 있다. 우리 모두가 이 모든 이슈가 얽힌 총체적인 지평을 의식한다.

필자가 보기에 그 많은 보도와 이슈 가운데 가장 뼈아픈 것은 "생명 보호는 세계 최악, 자원 봉사는 세계 최고"라는 제목의 뉴스였다. 지난 5월 14일 어느 독일언론이 내건 제목이었다. 이 제목은 저 사건과 관련된 문제들을 잘 압축하고 있다. 한 명도 구조하지 못한 것은 희생자와 가족에게는 정말 안 된 말이지만 그럴 수는 있다. 못했을 수 있다. 하지만 해경과 국가는 최선의 아니 기본적인 노력도 하지 않았다. 날씨 좋은 그날 오전에 텔레비전은 헬리콥터에서 강하하는 대원이 배에서 나온 승객들을 바구니에 태우는 장면을 보여 주었다. 그 커다란 여객선에 모든 승객이 나왔다고 본 것인 양 그 강하한 대원들은 작전했다. 선실의 유리창을 그들과 구명정의 해경은 외면했다. 한 명의 선생은 우등생만 놓고 수업하지는 않는다. 그렇지 않은 학생들도 있다는 것을 알며 선생은 교육을 한다. 침몰한 선박의 구조에 나선 해경이 배에서 탈출한 승객만을 주워 담는 것을 존재이유라고 할 수는 없다. 이 기본적인 점을 저들은 하지 않았다. 나아가 그 중요한 처음 며칠간 언딘이라는 기업을 내세우려 노력했다는 뉴스가 쌓여 있다. 국가와 국가기관인 해경이 언딘이라는 기업에 국가의 기본 의무인 국민 생명 보호를 신자유주의적으로 하청을 주었다는 의심은 증폭되어 있으며 이는 법원의 판단을 받아야 할 것으로 보인다.

반면 사고 현장 주변 곳곳에는 자원봉사자들이 있었다. 그곳에는 먹을 것이 널려 있었으며, 혈압측정과 기도할 곳도 마련되어 있었고, 심리 상담 장소도 있었다. 의사, 간호사, 직장인 등은 소중한 휴가를 내고 현장에 와 있었다. 안산에서 350km나 떨어진 진도까지 무료로 왕복하는 택시들도 대기 중이었다.

말하자면 우리 각자는 충분히 공감하고 행동하는 존재이지만 그런 우리들이 모인 사회, 한국사회는 그렇지 못하다는 분명한 성적표를 그 사건은 디밀고 있는 것이다. 우리들이 모인 그 한국사회의 이른바 사회성이란 인맥 쌓기로 엮인 사회성 정도가 아닌지를 그 사건은 묻는다. 동창회가 보내는 부고, 대충 아는 사람의 자제 결혼식에

얼굴 내밀기, 상갓집에서 밤새 술잔 기울이기, 이것들이 인간 사회성의 실천 현장이라고 우리가 여겨온 것은 아닌지 그 사건은 우리를 성찰하게 한다. 국가의 공적인 영역을 '끼리끼리'로 여기며 살아왔는지 그 사건은 우리에게 질문하고 있다. 국가는 왜 국가인지 그리고 국가는 기업과 동창회와 왜 다른지를 알아보고 느끼게 그 사건은 우리를 깨우치고 있다.

🔟 공론장과 전문가

　지금까지 우리는 아테네와 이중혁명, 두 시기를 살폈다. 역사상 최초로 시민, 자유, 민주 이념이 등장하고 막바지에는 폴리스의 근본 요소를 에토스와 프로네시스로 정리하는 아리스토텔레스가 나타나지만, 아테네 역사의 퇴장과 함께 소크라테스와 플라톤은 이후의 역사와 사상을 지배한다. 그리고 근대 초반의 종교개혁을 기반으로 여러 분야의 혁명이 18세기말부터 진행된다. 근원적 관점의 변화 내지는 분열을 낳은 종교개혁이 먼저 진행되고, 이어서 각 분야의 근본적 변혁이 나타난 결과 서양의 19세기는 산업기술의 근본적 변동과 더불어 자유주의와 사회주의의 충돌 장면을 보여준다. 이어서 오늘날 우리는 산업혁명의 진화에 따라 인간과 사회, 이념을 점검하고 준비해야 한다는 과제를 인문학적 이해라 칭하며 부여받고 있다. 이 과제를 전문가 담론과 공론장 담론을 주제로 정리해 보고자 한다. 4차 산업혁명 담론을 지켜보면서 가장 중요한 특성은 산업기술과 이와 연관된 전문가 그룹의 이야기와 공론장의 요청이 어긋나고 있다는 생각에서 이다.

4차 산업혁명 담론과 관련하여 미국에서 주목받는 서로 다른 성격의 두 보고서가 있다. 바로 '스탠포드대 보고서'8)와 '백악관 보고서'9)이다. 인공지능 이슈를 수년전부터 정리하고 있는 스탠포드대 보고서는 인공지능이란 과학이자 계산 기술의 집합이라는 정의에서 시작한다. 그 저명한 사립대학의 보고서를 대하면서 백악관 보고서를 겹쳐 떠올려보면 스탠포드대 보고서가 퍼블릭 서비스 차원의 것이 아니라는 태생적 특성이 더욱 부각된다는 생각이다. 과학기술의 관점으로 산업혁명의 추이를 보고자 하는 것이다.10)

반면에 백악관 보고서는 인공지능을 앞세운 4차 산업혁명 앞에 선 미국이라는 공동체가 무엇을 고민해야 하는지를 담담하게 기술하여 간다. 보고서의 핵심은 이른바 기술운명론을 비판하고 정책적, 제도적 대응이 중요하다고 공동체에 알리고 이어서 관련 논의에 시민들이 참여하기를 독려하는데 있다. '인공지능이 주도하는 자동화의 경제' 및 '정책적 대응'의 두 부분으로 구성된 본론에서, 도래하는 인공지능 시대에서 생산성 향상을 낳을 기술 변화가 초래할 노동시장의 변화를 역사적 추이, 단기 전망, 새로운 일자리 시장 등으로 나누어

---

8) "인공지능 백년사 연구(One Hundred Year Study on Artificial Intelligence: AI100)", 2016.8. https://ai100.stanford.edu/2016-report.

9) 백악관 대통령실, "인공지능, 자동화 그리고 경제", 조영신 역, 2016.12.

10) 이를 『공부하는 기계들이 온다』가 잘 보여 준다: "산업계의 지각변동은 이미 진행 중이다. 디커플링 현상. 고전 경제학에서 항상 함께 움직이는 요소들이 있다. 2차 세계대전 이후 미국에서는 GDP와 생산성, 고용과 임금은 일관되게 상승해왔다. 그런데 최근 20~30년 전부터 상황이 완전히 달라졌다. 4개 요소 가운데 2개만이 지속적으로 성장했다. 지디피와 생산성은 성장하는데 고용과 임금은 그렇지 않다. 기계들이 인간노동을 대체하면서 가속화된 현상이다." 박순서, 『공부하는 기계들이 온다』, p. 84.

고찰하면서 그 마지막에서 이렇게 언급한다. "그동안의 역사와 여러 국가에서 실제 발생한 일들을 종합해보면, 생산성이 증가하면 임금도 증가해 왔다는 것을 알 수 있다. 인공지능이 활성화될수록 대다수 노동자들의 임금이 상승하고, 여가 기회가 늘어날 가능성이 훨씬 높다. 다만 이를 현실화하기 위해서는 기술변화에만 의존할 것이 아니라 좋은 정책과 제도를 선택하는 것이 필요하다."

그러면서 본론의 2부에서 기술운명론에 의문을 제기하며 정책적, 제도적 대응의 필요성을 거론한다. "기술은 운명이 아니다. 경제적 동기나 공공정책은 기술변화의 방향과 효과를 형성하는데 중요한 역할을 한다. 기술은 적절하게 주목받을 필요가 있다. 바른 정책과 제도로 적절히 대응하면 된다." 이어서 보고서는 정책의 눈으로 볼 때 요구되는 전략을 셋으로 소개한다. 첫 번째 전략으로 당연히 과학기술에 대한 투자 강조가 언급된다. "가능한 한 많은 혜택을 창출할 수 있도록 인공지능에 투자하고 개발해야" 한다고 하면서, 필요한 것으로 인공지능 연구 개발 투자, 사이버방어 및 사기탐지 관련 인공지능 개발, 인공지능 개발 인력집단의 규모 확대 및 다양성 확보 등이 언급된다. 이어서 산업기술의 초기 단계에서 늘 나타났던 현상을 논하는 많은 문헌에서 보이듯, 기술개발 초기에서의 시장경쟁 보장이 언급된다. 관련 분야 인력의 다양성 확보와 더불어 이는 매우 실질적이다. 이는 90년대 중반부터의 인터넷 초기에 등장하던 그 여러 이름은 사라지고 10여년이 지나서 구글이 주도하는 오늘을 반추하게 한다.

두 번째 전략을 "미국인들을 교육하고 훈련시켜 미래의 일자리에 대비해야 한다"고 밝히며, 보고서는 기초 수학과 읽기 능력을 실현하는 청소년 교육, 양질의 조기교육 및 고등교육 확대, 저렴한 포스트 고등교육 과정 구축, 시장 수요에 맞춘 평생학습 기회 확대, 직업교육 프로그램의 효율성 향상, 견습기회 확대 등이 그 구체적 방안이라 제시한다. 여기서 특징적인 것은 '교육이 산업에 맞추어야 한다'에 머물지 않고 어떻게 이를 효율화할 수 있는지를 고민해야 한다는 것이며, 또한 그저 교육 기회의 확대가 아니라 양질의 그리고 저렴한 교육 확대가 추진되어야 한다는 점이다. 세 번째 전략으로 보고서는 성장의 과실을 나누도록 전환기의 노동자를 지원하고 역량을 강화해야 한다면서, 그 대책으로 사회안전망 강화, 고용보험 강화, 새로운 직업을 찾을 수 있는 안내서와 지침의 제공, 노동자의 협상력 향상, 최저 임금 인상, 노동조합 강화, 지역 특성에 기반한 전략 수립, 대중교통 확충, 세금정책 현대화 및 진보화 등을 열거하여 간다. 그리고는 모든 상황에 대비하는 것이 필요하다며, 다음과 같이 맺고 있다. "인공지능은 이미 미국 직장을 변환시키기 시작했다. 할 수 있는 일의 유형도 바뀌었고, 노동자가 성장하기 위해 필요한 기술도 변화되고 있다. 모든 미국인이 이 문제를 해결하는데 직접 참여할 수 있어야 한다. 학생이든, 노동자든, 관리자든, 혹은 기술 책임자든, 그것도 아니라면 단지 시민으로서 정책 토론에서 자신의 목소리를 낼 수 있어야 한다." 백악관 보고서를 읽다보면 아테네 이후 2천년 이상의 망각 뒤 200년 전에야 다시 등장한 '왕 없는 국가'다운 보고서라는 생각이 든다.

스탠포드대 보고서와 백악관 보고서, 양자는 이처럼 판이하게 다르다. 인공지능, 4차 산업혁명을 전자는 과학기술의 눈으로 지켜보고자 하며, 후자는 기술결정론을 비판하며 정책과 제도의 눈으로 응대하고자 한다. 과학기술이 인간을, 인간 역사를 지배하는 것이 아니라, 인간이 역사의 흐름에서 등장하는 기술 변화를 공동체의 눈으로 제어할 수 있으며 이끌어야 한다는 것이다. 이러한 눈으로 한국의 산업혁명 담론을 살펴보면 그것이 얼마나 이른바 기술결정론에 휘말려있는지가 드러난다.

첫째 발견되는 특성은 스탠퍼드대 보고서와 유사한 접근이 넘쳐난다는 것이다. 4차 산업혁명 이슈의 점화 이후 아주 많은 문헌이 발간되었지만 이상의 여러 생각을 하게 만드는 자료의 한 사례가 『호모 컨버젼스』[11]라 보인다. 여기에는 과학기술과 융합의 키워드가 토대로 깔려 있다. 이 책은 제4차 산업혁명과 미래사회라는 주제를 과학기술, 경제, 정책, 사회제도 관련 다양한 전문가들이 다루어간다. 그러면서 4차 산업혁명의 주요 과학기술적 특성이 소개되고, 다양한 전문성의 융합, 다른 용어로는 '융합지식형 인간'이 핵심적 과제로 거론된다. 현재 우리는 전문성에서 융합형으로 이행하여야 한다는 외침을 교육계 등에서 많이 듣는다. 융합을 위해서는 보다 고차적인 전문성 교육이 이루어져야 한다는 소리도 이따금 들리지만 융합이 필요하다는 뜻을 짐작 못하는 바는 아니다. 하지만 그 다음이 문제다. 저 문헌에서 거론되는 융합은 과학기술 세계에서의 전문성 각각이 과학기술이라는 보다 넓은 영역에서 융합됨을 주로 뜻한다. 융합과 연결을 키워드로 한다는 4차 산업혁명은 과학기술 내부의 융합을 대표하는 것이다.

여기서 우리는 물을 수 있다. 생물학, IT, 의학 등이 하나의 지성으로 모인 것이 융합인지, 아니면 그 각각의 전문적 관점과 틀 이전에 존재하는 그 지점, 즉 존재론적 관점이 융합인가라고 말이다. 오늘날 융합을 거부하는 이는 사실 거의 없다. 융합이 어떠한 융합인가가

---

11) 권호정 외, 『호모 컨버젼스: 4차 산업혁명과 미래사회』, 아시아, 2016.

문제이다. 융합은 과학기술의 전문성이 보여주는 실험실 내의 소통도 사실상 불가능한 과학기술의 현실을 목도하여 수많은 과학자들이 열망하는 실험실 내의 소통, 실험실 간의 소통 정도를 마침내 가능하게 하는 목표로 전락할 수는 없다. 이는 여전히 과학기술 내부의 소통을 유일하게 가능한 융합으로 바꿔치기하는 셈이다. 그런 국면의 융합만이 가능한 것은 아니다. 인간 역사를 보면 말이다.

산업혁명, 대혁명, 과학혁명이 동시에 진행되는 그 시대에 당시로는 전적으로 새로운 학문인 화학이 라부아지에 등에 의하여 일종의 융합 학문으로 등장한다. 化學은 chemistry의 대단한 번역어이다. 거기에는 무기물과 유기물을 넘나드는 융합 지성이 새겨져 있다.[12] 하지만 이와는 다른 국면에서 그 과학기술적 융합을 넘는 융합도 발생하여 왔음을 이른바 이중혁명은 보여준다. 산업혁명과 함께 신분제 사회는 무너진다. 그 이상의 존재론적 관점이 출현한 셈이다. 지난 역사의 추이를 보면 산업혁명은 내부의 융합만으로 진행되기 보다는 산업기술 혁신 이외의 관점과의 융합으로 더욱 혁신되어 왔다는 것이 또한 진실이다. 이렇게 보면 『호모 컨버젼스』에서의 융합 논의는 기술결정론의 시선에서 벗어나지 않으며 따라서 하나의 미세 조정에 불과하다고 보인다. 과학기술의 전문 분야가 말하는 것과는 다른 종류의 존재론적 융합을 말하는 이들이 오늘날 실제로 존재한다. 직업존재이면서 또한 시민존재이기도 한 오늘날 공동체의 구성원들이 바로 그들이다. 이들은 원전 문제를 놓고 직업적 관점을 넘어서

---

12) "화학은 일종의 혁명적인 의미를 내포하고 있었다. 바로 생명현상을 무기적인 과학으로 분석, 설명할 수 있다는 것을 알아낸 일이었다. 라부아지에는 호흡이 다름 아닌 산소의 연소 중 한 형태라는 것을 발견했다." E. 홉스봄, 『혁명의 시대』, 정도영·차명수 역, p. 516.

서 또한 과학기술의 한계를 생각하며 지혜를 산출하고자

이렇게 산업혁명을 과학기술 내부의 문제로 보고 이에 따라
도 맞추어가야 한다는 방식의 논의와는 다른 성격의 담론도 발견ᆫ
다. 『미국의 주인이 바뀐다』의 저자 안병진 교수는 이렇게 말한다.
"한국에서도 4차 산업혁명이 논의되고 있는데, 자꾸 사람들이 기술
에만 주목한다. 그러나 4차 산업혁명을 제대로 보려면 현재 일상 삶
의 태도, 라이프스타일이 어떻게 바뀌는지 보면서 그 속에서 기술을
봐야 제대로 파악할 수 있다. 과거 68혁명의 출발은 국방성, 인터넷
이라는 기술의 발명이 아니었다. 68혁명의 출발은 공장주의 사회
(Factory Society)를 벗어나서 자유로운 커뮤니케이션에 대한 비주류
들의 꿈이 드러난 것이었고, 이것이 이후 인터넷의 발명 등 다양한
것으로 나타난 것이다. 그때는 그런 이론적 문제 제기가 있었는데
반해 지금 우리는 4차 산업혁명, 인공지능 등과 관련해 그때처럼 사
회로부터 아젠다를 고민하지 못하고 자꾸 협소한 곳에 시각이 갇혀
있는 것 같다." 4차 산업혁명을 두고 나타나는 담론에 대한 또다른
비판도 발견된다. "과학기술의 발달 속에서 과학기술적 지배가 확대
되고 전문지식권력의 영향력이 커지면서, 과학기술과 관련된 다양한
의사결정이 이에 따른 실질적인 피해를 입을 수 있는 일반시민들의
의사와 무관하게 이루어지고 있는 반면에, 일반 시민들이 의사결정
과정에 참여할 수 있는 기회와 통로는 제한돼 있는 점이 문제로 떠
오르고 있다. 특히 과학기술적 지식의 불확실성이 커지는 데 비해
전문가주의의 권력화가 심화되고 있어 이에 대한 민주적인 통제와
시민 참여가 새로운 정치적 과제가 되고 있다."[13]

....

13) 정태석, 「과학기술사회에서 시민자격과 공공선 가버넌스의 전망」, 비판사회

한국의 4차 산업혁명 담론에서 보이는 두 번째 특성은 이 지배화된 담론을 활용하여 산업혁명과 직접적으로 연관성이 분명하지는 않은 각종 이해관계가 분출되는 현상이다. 대표적으로 교육부 장관의 발언을 들어보자. "4차 산업혁명 시대 대학교육과 산학협력이 나아가야 할 새로운 패러다임"이 구축되어야 하며, "대학이 산업에 맞추어야 한다"고 발언한다. 여기에서 대학을 둘러싼 전통논리와 산업논리의 충돌도 시선에서 사라지게 하는 효과를 산업혁명 담론은 거두고 있는 셈이다. 도래하는 시급한 일자리 문제에 직면하였는데 한가하게 그 오랜 싸움은 접어야 한다는 주장으로 들린다. 또한 융합교육도 빠지지 않는다. 융합교육을 이끌 교육자의 신분은 융합이기에 겸임교수, 산학협력중점교수 정도로 할 수 있다는 유리한 예측도 작동한다. 융합교육을 말하면서도 이를 실행할 교수진의 지위 문제는 언급하지 않는다. 융합교육을 내세워 그나마 지난 한 세기에 걸쳐 명맥을 이어온 전임교수제, 특히 일반교양 분야의 전임교수제의 사실상 축소 내지는 폐기 통로로도 활용되고 있다는 인상이다.

세 번째 특성은 4차 산업혁명을 주도하는 국가들의 담론에는 그들 각각의 산업기술 및 사회의 역사성이 놓여 있다는 지적이 잇따르는데도 우리 담론이 보여주는 몰역사적 성격이라 하겠다. 제조업 혁신을 설비 투자를 중심으로 이루려고 '산업 4.0'를 앞세우는 독일, 클라우드를 앞세워 제조업의 스마트화에 집중하는 미국, 로봇 강국의 전통을 이어가며 대응하는 일본, 뒤늦은 산업화를 정부 주도의 '중국제조 2025'에 따라 이루어내려는 중국 등에는 각각의 역사적 현실에서의 대응과 도약을 위한 다짐이 읽힌다. 반면에 우리의 담론에는 일

학회, 2016.12.

자리 상실, 상대적인 준비 부족, 관련 분야의 혁신 필요성 등이 주로 나타난다.

우리는 아주 늦은 산업화에도 불구하고 최소한 3차 산업혁명의 국면까지는 더는 늦지는 않은 것으로 보인다. 세계 주요 산업국가이기도 하며, ICT분야의 주요 기업군도 성장하여 있다. 산업혁명을 선도한 국가들, 일본 등의 주요 추종국 이외에 주요 산업국가로 우리 이외에는 사실 없다. 이에는 성리학과 권력이 함께 한 역사의 진행과 종말을 그 내부에서 함께 하던 사람들의 인식, 여기서 유래하는 선조 세대의 헌신, 그리고 엄청난 교육 투자 등이 함께 하였을 것이다. 그리고 주요 기업들에는 90년대 말 외환위기를 앞서 겪어서 이어진 금융위기를 큰 어려움 없이 극복하며 쌓인 자본도 있다. 이렇듯 구성원들의 엄청난 교육 투자와 다소 우연적인 위험회피 요소로 축적된 내부적인 힘이 있음에도 우리의 4차 산업혁명 담론은 다보스 포럼을 중계하며 내재적인 힘을 간과하게 하고 있다.

4차 산업혁명 담론의 광범위한 유포를 대하면서 역사성의 결여를 지적할 수 있는 또 하나의 중요한 요소는 평화, 통일의 문제이다. 오늘날 독일의 저력은 상당 부분 90년대 초부터의 독일 통일 과정에서 축적되어 온 것이다. 유로존의 위기 국면에서 저력을 발휘하는 그들은 분단과 통일을 지나오며 다른 이들과는 달리 생래적인 도전과제를 풀며 힘을 모아왔으며 이는 위기 국면에서 빛을 발한다. 산업화 자체가 아니라 산업화를 공동체의 역사적 조건에서 보다 풍부하게 실질적으로 이끄는 것이 요청된다. 인공지능 시대의 도래에 제기되는 전 세계인 과제에도 주목해야 하겠지만 동시에 우리는 인공지능은커녕 산업화도 미약한 한반도 일부를 산업화하는 방안에서 4차 산업혁명 시대의 실질적 성과를 이룰 수도 있을 것이다. 평화와 분단

극복 노력도 4차 산업혁명을 돌파하는 힘일 수 있다. 그런데도 인공지능이 바둑 최고수를 격파하는 장면이 송출되고 언론은 이 의미를 일자리 문제로 보도하며 산업혁명의 역사성은 우리에게서 감추어지고 있다.

산업혁명에 대한 대응이, 그것도 인문학적 대응이 거론되는 현재 산업혁명의 역사적 추이에서 교훈을 얻으려는 자세는 매우 중요하다. 산업혁명은 영국이 착수하지만 이내 그 과실은 19세기말부터 미국이 극대화시키며 이 결과로 그들은 세상을 주도한다. 광대한 영토, 풍부한 소비시장 등만이 그 성공의 요소가 아니라 그들의 사회체제도 산업혁명의 뜻을 충분히 실현하였다고 보아야 한다. 19세기에 신생 민주국가 미국을 여행한 토크빌은 말한다. "민주정치는 어떤 형태의 절대정치보다 많은 결실을 거둔다. 잘 하는 것이 많지는 않아도 더 많은 일을 해내는 것이다. 민주정치 아래서는 정부가 하는 일에서 보다는 정부가 개입하지 않거나 정부 밖에서 이루어진 일의 성과가 더욱 돋보이는 것이다. 민주정치는 국민에게 가장 능란한 정부를 제공해주지는 않지만 가장 유능한 정부라도 흔히 이루어놓을 수 없는 것을 만들어낸다"[14]

11 고전 연구가 인문학의 기본일까?

인문학 하면 사람들은 고전을 떠올린다. 고전에 대한 그 유명한 정의, 하나의 고전이란 시대의 변화에도 불구하고 변하지 않는 의미

---

14) A. 토크빌, 『미국의 민주주의 I』, 임효선·박지동 역, 2007.

를 담고 있다는 정의쯤을 떠올리면 더욱 고전에로 달려가고 싶다. 대표적 고전인 논어에 이런 말이 있다. 君君臣臣 父父子子. 임금은 임금다워야 하고 신하는 신하다워야 하고 아비는 아비다워야 하며 자식은 자식다워야 한다. 멋진 말이다. 시대를 뛰어넘어 항상 타당한 것 같다. 하긴 문제의식이 있어 보이는 저자들도 저 구절을 책머리에 소개하며 무엇인가를 발언하려 애쓰는 것을 가끔 대한다. '영원한' 고전에 의지하여 자신의 발언을 뒷받침하고자 하는 것이다. 그런데 왕조시대가 지나가고 민주시대가 온 지금, 가부장제는 과거이고 새로운 호적법이 사실상 전 세계에서 가장 늦기는 하지만 시행되고 있는 현재의 우리 사회를 감안하면 저 구절이 지금 시대에도 그 변하지 않는 의의를 여전히 지니고 있는지 궁금하다.

논어의 저 구절은 지금 시대와 실은 어긋나 있다. 왕조 시대의 질서를 대변한다. 지금도 여전히 대통령은 대통령다워야 하겠지만 누구나 알듯이 옛날과 달리 그도 기본적으로는 한 명의 시민이다. 왕과 같은 초월적 존재가 더는 아닌 것이다. 누구나 부모고 누구나 자식이지만 오늘날 모두는 기본적으로는 평등한 인간이라 여긴다. 부모도 자식도 한 표씩 행사한다. 논어의 저 구절은 따지고 보면 시대를 관통하는 의의를 지닌 것이 아닐 수 있다. 물론 저 구절의 통시대적 의의에 주목하는 이들이 오늘날에도 여전히 있을 수 있겠으나 그러면 이들은 왕조시대에서 지금 시대로의 변화가 무엇을 뜻하는지를 알아차리지 못한 대가를 치른다. 이 대가를 치르고서야 고전의 통시대적 의의는 유지될 수 있다.

우리 역사에 보면 참 재미있는 부분이 있다. 조선 왕조는 1910년 일제의 식민지로 전락한다. 그러면서 조선에 사는 이들은 천황의 국가에서 살게 된다. 그리고는 1945년 그들이 물러간다. 해방된 이 국가는 당연히 이제 이전 체제인 왕정으로 돌아가야 한다. 그런데 그 누구도 이의를 제기하지 않은 채 1948년 민주공화국이 수립된다. 우리는 왕조시대에서 민주시대로 슬그머니 넘어왔다. 이는 사회적 존재라는 인간 삶의 엄청난 그리고 아주 근본적인 변화임에도 우리는 그 변화를 몸소 이루어낸 것이 아니라 그 뜻을 알아차리지 못하고 아무 일 없었다는 듯이 지낸다. 이 변화를 의식하지 못하는 만큼 고전의 통시대적 의의를 밝히려는 인문학은 여전히 대세를 형성할 것이다. 그런데 이렇게 되면 고전 공부는 시대와 어긋나며 진행된다. 나아가 이는 인문학 연구가 역사 현실과 무관하게 이루어진다는 우리가 많이 듣는 비판에 직면한다. 고전의 고전적 성격에 집착하는 인문학은 그래서 시대에 별 울림을 주지 못할 위험에 처한다. 그리고 이는 오늘날 사람들이 언급하는 말, 인문학의 위기란 실은 인문학자의 위기라는 비아냥을 듣게 되는 하나의 명백한 맥락을 이룬다.

왕국에서 민주공화국으로의 이행이 우리에게는 그냥 이루어졌지만 유럽은 그렇지 않았다. 유럽 역사에서 1918년은 대단한 한 해였다. 1차대전이 끝난 것만이 아니다. 그해 11월 독일은 항복하면서 미국이 내건 항복 조건 가운데 하나인 왕정 폐지를 받아들인다. 마지막 독일 황제는 자신의 고향인 네덜란드로 돌아간다. 며칠 뒤 전쟁의 직접적 당사자였던 합스부르크 왕조의 마지막 황제도 없어진다. 몇 달 전 러시아에서는 로마노프 왕조의 마지막 황제 일가가 처형된다. 1918년 유럽에서 이제까지 적통이었던 왕조 셋이 사라진 것이다. 인간 역사에서 왕조는 항상 있어왔다. 그런데 1918년 벌어진 일은 이전과는 완전히 달랐다. 과거에는 항상 왕조 교체가 이어져 왔다. 그런데 1918년 늦가을 유럽은 이런 전망을 더는 할 수가 없었다. 그 어떤 누구도 왕조를 말하지 않게 된 것이다. 떠난 독일 황제에 이어서 바이마르 공화국이 이듬해 초에 등장한다. 이러한 역사의 순간에 미국의 당시 대통령 윌슨은 전 세계에 대고 민족자결주의를 외친다. 다른 길이 없는 것이다. 이것뿐이 없는 것이다. 이는 하지만 패자에 게만 적용되는 민족자결주의였다. 1차대전에서는 승전국이었던 일본의 식민지, 조선에는 물론 적용되지 않는다. 패자의 식민지들은 민족을 중심으로 독립한다. 우리에게는 역사의 안타까운 순간이지만 세상의 근본적 변화는 일어나고 있었던 것이다.

우리의 식민 시절에 세계 중심부에서 벌어진 저러한 변동을 우리는 그저 따라간 것이다. 우리가 여기서 우리 역사의 아쉬운 순간을 돌아보려는 것은 아니다. 말하고자 하는 점은 인간 삶의 근본적 변동을 외부의 변동에 의해 저절로 이룬 결과 인문학에 대한 우리의 관심에 인간 역사의 근본적 변동이라는 점이 반영되기 힘들다는 것이다. 우리는 한복을 벗어버리고 갑자기 양복을 입고 있으면서도 또한 왕조에서 갑자기 민주공화국에 살게 되면서도, 여전히 고전의 통시대적 가치에 매달리는 인문학으로 달려가려 한다. 저 이행과 나아가 단절의 뜻이 인문학에 담기지 못하는 것이다. 이때 인문학은 우리의 현실을, 과학기술로 형성되고 있는 현실을 담아낼 수 있을까? 그렇지 못할 것이다. 인문학에 대한 우리의 관심은 소중하다. 하지만 그 관심이 언제나 초점을 벗어날 수 있다.

우리는 이제까지 인문학 공부가 고전으로 이어진다는 생각을 따져 보았다. 그러면서 지금 시대의 성격을 비추어 보면 고전에서 지혜를 얻어 보려는 우리의 인문학적 관심은 자칫 좌초할 위험이 있다는 지적도 해왔다. 말하자면 현대라 말해지는 지금 시대는 옛날과는 아주 많이, 그것도 근본적으로 다르기에 고전 연구에서 활로를 찾으려는 인문학적 지성은 길을 잃어버릴 위험이 있다는 것이다.

얼마나 다른 것일까? 19세기말 20세기 초까지 인간은 항상 같은 식으로 이동해왔다. 걷거나 말을 타고 말이다. 그런데 이제 자동차로, 이어서 비행기로 이동한다. 또한 세계의 중심부부터 주기적 기근에서 해방되기 시작한다. 유럽에서 마지막 기근은 20세기 초 러시아에서 관찰된다. 드디어 자연 세계를 정복한다. 이외에도 아주 근본적인 전환이 인간 역사에서 이 시기 전후로 이루어진다. 한마디로 하면 패러다임의 근본적 변환이다. 우리에게는 21세기 초반 지금이 격변의 시기로 보이나, 19세기말이야말로 다음의 몇 가지 사례에서 보듯 패러다임의 총체적 교체 과정에 있었다는 것을 오늘날의 우리도 인정할 수밖에 없다. 19세기 말에 뢴트겐은 우연이기는 하지만 엑스선을 발견하여 인간 내부로의 탐험이 가능한 세상을 연다. 그토록 보고 싶어도 사체로만 대하던 인간 내부를 드디어 살아있는 채로 들여다보게 된 것이다. 또한 실증과 관찰 정신으로 무장한 과학자들은 마취제를 만들어 맹장염만으로도 사경을 헤매던 인류를 구해낸다. 공학은 기차, 비행기 등을 만들어 그 먼 나라와 그곳의 타인들을 만나게 해준다.

이 근본적 전환을 이끈 이들은 과학자만이 아니다. 많은 이들이 좋아하는 화가, 불우했던 화가인 고흐도 이런 전환을 구체적으로 화폭에 담아낸다. 그는 햇빛 가득한 벌판을 화폭에 담아낸다. 해는 반짝여 벌판도 환하여 하늘은 밝은 색으로 옮겨져야 할 것인데 그는 반짝이는 해가 있는 하늘을 우중충한 회색과 검은색으로 표현한다. 밝은 날을 검게 칠해버린 화가는 자연세계를 있는 그대로 모사하지 않고, 있는 그대로의 자연을 바라다보는 자기 자신의 표현, 이미지를 화폭에 담아낸다. 고흐의 작업은 외부 대상의 재현이 아니라 외부 대상에 대한 화가 자신의 이미지의 재현이다. 나아가면 자신을 넘어서는 외부적 가치에 자신을 맞추는 것이 아니라 외부적 가치에 대한 자신의 신념을 담아낸 것이다. 이러한 추세는 회화 분야만이 아니라 물리학, 경제학, 법학 등에서도 이어진다. 20세기 초 아인슈타인은 시간과 공간의 이른바 절대적 기준을 자신의 상대성 이론으로 날려 버린다. 당시 그의 몇 개의 논문에서 전개된 이론은 1910년대 일식 현상에서 모두 사실로 밝혀진다. 그는 역사상 과학자로 신문 1면에 수개월간 언급된 유일한 인물이다. 대략 말하면 절대적 기준에서 상대적 시선으로 전환된 것이다. 물론 이 상대성이란 말이 어떻게 이해되느냐가 관건이다. 아인슈타인은 상대주의가 아니다. 그는 하나의 이론, 하나의 법칙은 상대성에 기초하여 수립되어야 한다는 점을 발언하여 그의 이론은 상대성이론이다. 진리에 대한 관찰자 상대적 관점인 것이다. 이는 같은 시대에 고흐가 이미지 재현에 매달린 것과 유사한 방향을 보여준다. 이 시대를 이끈 이야기는 법학에서도 발견된다. 이제까지 법조문 해석에 치중하여 무엇이 정의이고 정당한지를 따지던 이른바 개념법적 전통에서 벗어나 당시의 일군의 법학자들은 인간의 실제 삶을 담아내는 법 개념 즉 실정법으로 이동한다. 오늘날 우리가 알고 있는 헌법에 대한 정의인 '헌법은 시대정신의 총화'라는 인식도 그래서 등장한다.

이렇듯 과거와 다르게, 정확하게는 단절된 채로 이 시대는 열린다. 왕은 사라지고 민주주의는 이 시대 누구도 거부하기 힘든 표어로 자리한다. 왕이 왕인 이유는 이제까지 따져지지 않는, 않아야 하는 문제였지만 이제는 1인1표제가 정치적 리더를 만들어낸다. 화가, 과학자, 법학자들은 이른바 패러다임의 총체적 전환을 외친다. 이러한 시대의 한복판에서 이루어지는 인문학 연구는 그 모든 변환, 전환을 넘어서는 가치와 의의에 여전히 매달리는 것이 타당한지, 이에 대한 고민이 있어야 한다고 본다. 인문학도 다른 학문만큼이나 역사 속의 변동에 노출되어 이어져 왔다. 고전도 또한 예외는 아니다. 고전을 통시대적 가치를 대변한다고 여기며 이를 중심으로 인문학적 탐색이 이어질 때, 이 열정은 어긋날 수 있다. 현대가 현대인 이유를 보아야 한다. 그리고 현대는 지금까지의 시간과는 너무도 다른 시간이다. 아주 심한 단절을 겪고 있는 시대가 지금 시대이다. 그만큼 인문학적 관심도 고전에 대한 공부로만 채워지기는 힘들다. 고전을 대하되 그 고전에 적합한 시대와 이와 달라진 시대를 의식하는 인문학적 탐색이 필요하다.

12 대한민국의 기술자와 과학자를 더욱 반짝이게 할 것
  : 총체적 접근

오늘날 우리는 우리가 짐작하는 이상으로 반짝이는 나라에 살고 있다. 무엇보다도 1인당 평균소득이 2만 달러를 넘는다. 이 수치를 넘어서는 국가는 서유럽 및 이와 사실상 같은 전통을 지닌 미국, 캐나다 그리고 호주, 뉴질랜드 등이고 나머지는 산유국이거나 일본 정도이다. 전 세계 200여 국가 중에서 25개 국가 정도만이 저 수치를 넘어선다.

또한 오늘날 산업 및 과학기술의 결정체라 일반적으로 여겨지는 자동차, 선박, 비행기, 철강, 반도체 등의 분야에서 탑클래스에 있는 나라도 이 나라이다. 현대자동차, 현대중공업, 포스코, 삼성전자 등이 이를 대변한다. 비행기는 아니지만 그것은 유럽 10여개 선진국도 개별적으로는 못하여 모여서 하고 있는 분야이며 일본도 사실 못하고 있으며 그 외에는 미국이나 러시아 정도이다. 전 세계에서 저 주요 5개 산업분야에서 모두 수위권인 나라는 없으며 주요 몇 나라도 4개 분야 정도에 그치는데 이 나라는 여기에도 속하는 것이다.

반짝이는 것은 이것만이 아니다. 이 나라는 올림픽에서는 10위권에 항상 들고 월드컵 본선에서도 단골 멤버이자 4강에 든 나라이다. 거의 모든 운동 종목에서 태극기는 휘날리고 있으며 단 하나 남은 분야가 육상 단거리 분야일 것이다. 누군가 올림픽 육상 단거리에서 그것도 남자 선수가 우승한다면 그날 대한민국은 위의 모든 실적을 떠올리며 거대한 축제라도 벌이며 자축해야 할 것이다. 자축에 필요한 또 다른 조건이 하나라도 남아 있다면 그것은 노벨상 수상일 것이다. 이미 수상했음에도 불구하고 그 수상 경력은 현재 정치적 충돌의 심층 요인으로 작용하여 잘 보이지 않고 있어서, 현재 분위기로는 평화상 이외 분야에서의 수상이 화룡점정을 찍을 것이다. 이것도 하지만 시간문제로 보이는 지점에 이 나라는 현재 서있다.

이런데도 이 반짝이는 나라의 기술자와 과학자들은 지식 통합을 거론하며 인문학 쪽에 다가서려 한다. 철학교수라서 누가 보면 골수 인문학자일 필자가 보기에도 기술과 과학 그리고 이에 상당 부분 기초한 체육 분야는 이미 세계 정상을 정복했다. 물론 대기업 중심으로 그리고 엘리트 체육으로 이루어졌다는 문제는 기본적으로 안고 있지만 말이다. 이에 대하여도 시각은 분명해야 한다. 대기업 중심이라는 점 자체가 문제라기보다는 대기업에 고급인력과 인프라를 공급한 토대는 역사적으로 한국사회 전반인데 이 공급 토대에 대기업이 정당한 결실을 가져다주는지, 주려 하는지의 문제가 핵심이다. 여하튼 충분한 느낌이 드는데 이들은 왜 지식 통합을 그것도 대기업이 앞장서서 거론하고 있는 것일까? 부족한 것이 여전히 있다고 여기는 것일까? 아니면 성장과 팽창에는 한계가 없는 것이기에 그런 것일까?

한국을 이토록 반짝이는 나라로 이끈 한국 기술자와 과학자들이 자신들의 전문 분야에서의 업적에도 불구하고 이 전문성을 넘어서서 지식 통합을 굳이 지켜보려는 이유는 전문성의 한계 때문일 것이다. 즉 전문적 세계, 미시적 접근, 부분적 세계이해가 꽃을 피워도 그 전문, 미시, 부분이 유래하는 그 이전의 문제영역 즉 총체적 접근에 대한 문제의식을 이들이 대략 의식하고 있기 때문일 것이다.

오늘날 기술과 과학이 지적 소통을 하고자 하는 창구인 인문학은 바로 연구주제에 대한 총체적 접근을 기본적인 학문 성격으로 한다. 필자가 보기에는 지식 통합은 바로 이러 점에서 가능하다고 보인다. 전문적, 미시적 접근으로 담지 못하는 점을 이들은 총체적 접근으로 채우려 하는 것이다.

2006년 연말에 나온 책, 『느리게 가는 버스』를 보면, 두 살짜리의 청력에 이상이 있다고 어느 한국 의사는 진단하고 있다. 그리고 그는 치료 방법이 없으며, 보청기를 끼면 자식이 조금은 들을 수 있을 것이라고 눈물범벅의 부모에게 짧게 말해준다. 그 의사는 장애인을 위한 특수학교의 존재를 알려주지도 않았으며, 이를 뒷날 보청기 업자가 알려준다. 그 의사는 할 일을 다 한 것이기는 하다. 인간을 질병이라는 관점에서 보며 일하는 의사로서는 말이다. 그도 인간이다. 그도 질병을 앓고 있는 아이가 인간임을 안다. 그는 그러나 바쁜지, 의료수가가 너무 낮아서 그러는지 그 질병을 대하며 질병 때문에 울고 있는 아이와 부모라는 인간 존재를 떠올리고 이들도 자신과 마찬가지로 인간 존재라는 것을 떠올리기는 힘든가 보다. 그가 사실 그럴 필요까지는 없을 것이다. 그런데 바로 이 부분이 경계선이다. 바로 여기가 인문적 토양 위에 그가 서 있는지, 그가 자신의 전문성을 총체적 접근과 함께 호흡하며 지켜보고 있는지의 분수령이다. 전문가인 각각의 의사는 경계선 위에 서 있다.

반면에 캐나다 이민 1년여 전 출장길에서 대하였던 캐나다는 그 아이의 아버지에게 대단히 놀라운 풍경을 보여준다. "버스기사가 정류장에 차를 세우더니, 어느 승객의 손을 잡고 함께 내리는 것이었다. 두 사람은 길을 가로질러 갔다. 그 승객이 혼자 안전하게 길을 찾아갈 수 있을 때까지 기사가 안내를 했다. 승객은 지팡이를 들고 다니는 시각 장애인이었다." 이 장면을 비롯한 여러 경험이 그를 캐나다로 이끈다. 한국 병원에서의 경험은 캐나다 병원에서 수술로 되찾은 청력 및 무료 수술과 너무나 분명히 대조되었다. 그런데 핵심은 그들의 의술과 사회보장이 아니었다. 병원 안의 사람들은 수술을 전후한 전 과정에서 환자와 가족을 돕는 전문인으로 기능하고 있었으며 또한 이들이 인간으로 병원에 왔지 환자로만 오지는 않았다는 가장 기본적인 지점을 인식하고 이를 실천하고 있었다는 데 핵심은 있었다. 한국 의사들의 그 출중할 의술과 지식에도 불구하고, 그들의 그 뛰어난 지력에도 불구하고 안타깝게도 그리 따뜻한 평가를 받지 못하는 이유는 그들이 발휘하는 의술이 서 있어야 할 그곳인 인간 존재에 대한 생각을 빼거나 안하기 때문이다. 전문성의 총체성이 추가로 작동해야 하는 것이다.

전문성의 출처인 총체적 시각이 얼마나 중요한지를 보여주는 또 다른 사례가 있다. 미국 동쪽 대서양 해안에서 서쪽 태평양 해안까지 자전거로 달리며 미국을 몸소 체험하는 홍은택은『블루 아메리카를 찾아서』에서 월마트의 비정규직 노동자는 아무리 열심히 일해도 그 일이 자신을 조금씩이라도 거기서 벗어나게 하지는 못하고 있는 미국의 어느 주를 지난다. 그러면서 저러한 현실에서 유래하는 말, "일해도 소용없다(Work does not work)"를 그는 떠올린다. 노동자의 노동자다운 성실성, 노동자의 덕목인 근면성으로만 문제는 파악되지 않는다는 것이다.

어릿광대는 열심히 줄을 탄다. 그는 그야말로 열심이다. 그가 열심히 줄을 타면 탈수록 그런데 어릿광대는 관객들에게 안타까움을 더해 줄 뿐이다. 그에게 익숙한 세계 말고 더 큰 세계가 있는 것이다. 이 세계는 관객에게만 보인다. 어릿광대 자신만이 이를 모를 뿐이다. 자신에게 익숙한 세계 안에서 어릿광대는 그래도 열심이다. 관객 모두에게 알려진 더 넓은 세계에서는 금새 이룰 일도 어릿광대 자신의 세계에서는 아무리 열심히 해도 이루어지지 못한다. 그는 그 구조에서 벗어날 수 없다. 안타깝다. 그런데도 그는 열심히 또 줄을 탄다. 관객들은 그런 광대를 보며 웃으면서도 안타깝고 또한 느끼는 게 있다. 나 자신이 혹시 사회나 주변에서 어릿광대이지는 않나 하고 스스로에게 물어야 한다고 말이다. 사르트르가 바로 이런 모티브를 살려 냈다. 그는 구토 체험을 생각해 보고자 한다. 구토하기 전 나는 이 세상에서 잘 살아가고 있다. 그런데 구토하면서 나는 구토하는 나와 이를 바라보는 또 다른 나로 분열된다. 즉 구토 체험이 나라는 존재에서 존재 분열을 일으키는 것이다. 이 존재 분열은 나에게 익숙한 존재 세계 너머로 내가 바라보도록 나를 고무하고 깨어있게 해준다. 주어진 어느 세계에만 몰입하며 사는 나에게 구토 체험은 다른 곳으로의 관심을 일깨워준다. 전문성에만 몰입하는 지성에게 그 전문성이 전문인 터전이 되는 세계가 있다는 것이다.

기술과 과학은 반짝이기 시작한 이 나라를 만들어냈다. 이런 업적을 거둔 이 나라의 기술과 과학에게 여전히 무엇인가 필요한 것이 남아 있다면 그것은 전문성, 미시성, 직업성을 포괄하는 지평이 도대체 있으며 작동하고 있다는 사실에 대한 앎일 것이다. 이러한 종류의 앎을 게을리 하면 이는 어릿광대, 일본의 직인사회, 미국 월마트 노동자, 한국 학생의 객관식 지성 등이 안고 있는 안타까운 현실을 지속하게 할 것이다. 이러지 않을 수 있는 길을 기술세계의 전문성과 인문학적 지성의 총체성이 만나서 열 수 있다고 생각한다.

13 '민주주의는 공장 문 앞에서 멈춘다'

4차 산업혁명에 대한 인문학 기반의 담론은 필요하다. 산업기술의 변화가 인간 존재와 역사에 영향을 줄 것은 분명하다. 하지만 인문학적 담론이 산업혁명이 주조하는 현실에서 시작한다면 이는 문제다. 산업혁명도 인간 역사 진행의 어느 한 시기에 나타나 인간 역사가 아테네 시민, 자유 등의 등장, 이어지는 시대에서의 망각, 그리고 18세기말부터의 부활 추세에 영향을 주고 있다고 역사와 인문학의 눈으로 정리될 수 있기에 그렇다. 이에 과학기술이 주도하는 이슈에 맞추어진 인문학적 담론에 대한 문제제기, 4차 산업혁명 시대의 도래에 편승하여 대학 경영자, 기업가 등에서 분출하는 담론에 대한 비판 그리고 4차 산업혁명의 결실은 과학기술의 공동체나 역사적 현실에의 적용에서 오히려 풍부하고 실질적일 수 있기에 제기된 역사적 접근의 필요성 등이 거론되었다.

이 모두를 통하여 과학기술과 역사, 인문학 간의 선후 논쟁을 제기하고자 하는 것은 아니다. 또한 한편에는 과학기술 전문가와 산업자본가 그리고 다른 한편에는 공론장을 두고 이 양자의 대결을 보여주고자 하는 것도 아니다. 오히려 이 양자가 실제 역사에서 서로에게 영향을 주고받는 구조가 담론의 기본틀로 구축되어야 하며, 따라서 과학기술 결정론보다는 양자의 상호관계로 그리고 전문가 주도의 담론만이 아니라 이와 아울러 공론장을 설정한 담론으로 4차 산업혁명 담론이 성숙해 나갈 수 있다고 본다. 이를 이른바 해석학적 순환이론은 잘 보여준다.

현대철학 가운데 해석학이라는 철학 조류가 있다. 종교전쟁에 이어서 종교개혁의 역사적 추이가 어느 정도 자리를 잡는 19세기 초, 슐라이어마허는 기독교 성서 등의 이해와 해석에 문법적 해석과 심리적 해석 양자 간의 팽팽한 긴장이 필수적임을 제시한다. "모든 이해는 말을 언어에서 도출된 것으로 이해하는 계기와 이를 사고하는 사람의 사실로 이해하는 두 계기로 구성되어 있다."[15] 신교 계통의 신학자인 그는 이를 통하여 언어, 논리 등으로만 해석되어 온 기존의 이해와 해석 전통에 대하여 문제제기를 하며, 이 결과 심리적 해석을 제거하지 말고 오히려 해석에서 문법적 해석과 함께 요구되는 해석의 두 규준으로 끌어올린다. 성서를 대하는 각자가 사제라는 종교전쟁과 종교개혁 시기의 외침이 이제 인식론의 재구성을 이끌어 내고 있는 셈이다. 그는 실제로 "프로테스탄트 칸트"[16]라고 불리웠다. 이제 성서 해석에는 문법적 해석과 심리적 해석 양자가 함께 요구되고, 나아가 양자의 순환적 해석이 요청된다. 해석학적 순환성이라는 이해와 해석의 새로운 모형이 등장한 셈이다.

이렇듯 슐라이어마허 해석학은 종교개혁 시대의 신교 정신에 걸

15) F. 슐라이어마허, 『해석학과 비평』, 최신한 옮김, 철학과현실사, 2000, p. 21.
16) H. 인아이헨, 『철학적 해석학』, 문성화 옮김, 문예출판사, 1998, p. 124.

맞은 인식 모형을 구축하여 간다. 이후에 해석학적 철학의 전통을 이어간 이들도 자신이 놓인 시대의 학문적 과제에 응답하며 해석학적 철학 운동에 합류하여 간다. 먼저 딜타이는 19세기말 과학적 지성이 18세기말 이래로의 위대한 여정 끝에 도달한 지점에서 사색한다. 자연세계를 자연의 원리로 밝혀나간다는 그 과학의 정신을 사색하여 딜타이는 체험을 통한 인식의 길을 제시한다. "이 체험이라는 낱말에 처음으로 개념적 기능을 부여한 사람은 사실상 딜타이였다"[17]라고 가다머는 지적한다. 반세기 이상의 사상적 망각에서 슐라이어마허를 다시 소개한 공적이 있는 딜타이는 저 체험 개념 안에서 직접성과 통일성이라는 두 계기를 읽어낸다. 그리고 딜타이에게서도 직접적 체험과 통일적 체험 간의 순환성은 나타난다.

해석학적 순환성은 종교의 쇠퇴 및 왕실의 퇴장이 벌어지며 인간 삶의 토대 문제가 '신념의 아나키', '유럽의 밤' 등의 논제로 새로이 부각되던 20세기 초의 역사 여건에서 하이데거의 존재론에서 다시 나타난다. 하이데거에게서 인간현존재의 존재 선이해와 존재 간의 순환적 구조가 구축되며 하이데거의 이른바 기초존재론이 등장하는 것이다. 이로써 하이데거는 삶의 토대에 대하여 현존재의 선이해에 놓여있는 시간, 역사를 두고 시대적 응답을, 인문학적이고 나아가 존재론적인 응답을 수행하여 간다. 또한 하이데거의 제자 가다머는 '해석학적 철학의 근본 특성'이라는 부제의 저서에서 스승을 지켜보며 안타까운 마음으로 말한다. "시간 지평에 관한 하이데거의 존재론적 설명에 대한 오해가 그 응분의 대가를 치르게 된다. 사람들은 현존재의 실존론적 분석의 방법론적 의미를 견지하지 않고, 심려, 죽음으

---

17) H.-G. 가다머, 『진리와 방법I』, 이길우 외 옮김, 문학동네, 2000, p. 124.

로 치달음, 즉 근본적인 유한성을 통해 규정된 현존재의 이러한 실존론적 역사적 시간성을 실존 이해의 다른 가능성들 중의 하나로 취급한다. 그리하여 사람들은 여기에서 시간성으로 드러나는 것이 이해 자체의 존재 방식이라는 것을 망각한다."[18] 하이데거의 해석학적 존재론에 대한 이해에 지적인 몰이해가 있다고 지적하며, 가다머는 이른바 전통과 이성의 영향사적 관계를 주목하고자 한다. 이는 가다머에게서 놀이의 존재론, 모국어 논의 등으로 이어지며 그 뜻을 명료화하여 간다. 여기에도 영향사라는 순환적 관계는 드러난다.

이처럼 슐라이어마허 이후의 해석학자 모두에게서 순환구조는 등장한다. 19세기말 딜타이에게서 직접적 체험과 통일적 체험 간의 순환성이, 20세기 초 하이데거에서는 인간현존재의 선이해와 존재 간의 순환성이 그리고 20세기 중반 가다머에게서 전통과 이성 간의 영향사적 관계가 나타나는 것이다. 해석학적 순환성은 역사 속에서의 실제 체험과 이른바 보편사와의 지속적 영향관계를 구축하고 이 프리즘을 통하여 진리를 인식하고 인간 삶의 토대를 구하고자 한다. 이 해석학적 순환성에서 역사 단계에서의 실제의 목소리와 역사 전체의 지향이 함께 어우러지고, 이 결과 역사의 실제와 지향이 상호 영향을 주고받으며 자라갈 수 있다. 해석학적 순환성 덕분에 인간 역사가 역사 단계에서의 실제적 진행과 장기적이고 전체적인 진행을 아우르며 나아갈 수 있는 눈이 확보되는 것이다.

아테네 시대가 물러가고 헬레니즘 시대의 왕이 지배하는 세상이 도래하면 왕정이 설정한 구도 내에서 역사를 보고 진실을 밝히려는 태도는 인문학적이지 못하다. 또한 종교가 지배하면 이 세계관 안에

---

18) H.-G. 가다머, 『진리와 방법I』, 이길우 외 옮김, 문학동네, 2000, p. 220.

서 인간을 이해하고 진리를 해명하는 태도 또한 역사의 눈으로 보면 그리 인문주의적이라 볼 수 없다. 4차 산업혁명 담론은 과학기술이나 산업논리의 것으로만 작동되지 않는다고 인문학은 발언할 수 있어야 한다. 또한 인문학은 19세기 이래 많이 들리는 '민주주의는 공장 문 앞에서 멈춘다'는 말이 전하는 의미를 새기며 4차 산업혁명 담론에 뛰어들 수 있어야 한다.

》》 참고문헌

본서 제2부에서의 논의는 기존 발표 글을 기반으로 일부 이루어져 있다. 이에 최초 발표와 관련된 사항을 다음과 같이 밝힌다.

- 산업혁명을 바라보는 인문학의 눈;
  '4차 산업혁명 앞에 선 우리의 역사', 한국대학신문 시론, 2017.4.23.
- 소크라테스, 그는 누구인가?;
  '인문학은 현대인을 '힐링'시켜 줄 것인가', 『기술과미래』, 한국산업기술진흥원, 2012.12.
- 왕조시대를 마감한 1차대전;
  '제1차 세계대전은 창조적 파괴', 『테크앤비욘드』, 머니투데이, 2014.1.
- 우크라이나와 크림반도에 밀어닥친 민주주의;
  '우크라이나와 크림반도에 밀어닥친 민주주의', 『테크앤비욘드』, 머니투데이, 2014.5.
- 금융, 산업 그리고 독일;
  '독일이 잘나가는 이유는 후발주자 효과', 『테크앤비욘드』, 머니투데이, 2013.5.
- 세월호 사건, 우리를 생각하게 한다;
  '세월호를 생각한다', 『테크앤비욘드』, 머니투데이, 2014.7.

- 공론장과 전문가 / 민주주의는 공장 문 앞에서 멈춘다;
  '산업혁명을 바라보는 인문학의 눈', 『현대유럽철학연구』, 2017.
- 대한민국의 기술자와 과학자를 더욱 반짝이게 할 것: 총체적 접근;
  '인문학과 총체적 접근', 『기술과미래』, 한국산업기술진흥원, 2012.11.

| 지은이 소개 |

반성택

서경대 철학과 교수로 있으며, 한국현상학회 회장, 한국인문학총연합회 사무총장 등을 역임하였다. 주요 연구 분야는 철학 및 사상을 인간의 실제 역사와 함께 조명하는 데 있다. 저서로는 『아고라에서 광화문까지』(2007년, 아름나무), 『현대 철학의 모험』(2007년, 길, 공저) 등이 있으며, 주요 논문으로는 <산업혁명을 바라보는 인문학의 눈>, <후설의 현상학 입문: 내적 역사의 제시> 등이 있다.

김종규

성균관대학교 학부대학 초빙교수. 문화철학을 전공하였으며, 현대사회의 기술 문화현상 및 도시공간과 의사소통교육 연구에 주력하고 있다. <4차 산업혁명 과 공공소득> 등의 다수의 논문과 <디지털철학>(공저) 등 다수의 저서가 있다.

4차 산업혁명의 도전, 인문학의 응전

초판 인쇄 2020년 2월 20일
초판 발행 2020년 2월 28일

지 은 이 | 반성택·김종규
펴 낸 이 | 하운근
펴 낸 곳 | 學古房

주   소 | 경기도 고양시 덕양구 통일로 140 삼송테크노밸리 A동 B224
전   화 | (02)353-9908 편집부(02)356-9903
팩   스 | (02)6959-8234
홈페이지 | www.hakgobang.co.kr
전자우편 | hakgobang@naver.com, hakgobang@chol.com
등록번호 | 제311-1994-000001호

ISBN 978-89-6071-948-4 93100

값: 12,000원